U0506281

国家普及类古籍整理图书专项资助项目

中国古代文史经典读本

朱子语类 选评

朱义禄　撰

上海古籍出版社

图书在版编目(CIP)数据

朱子语类选评 / 朱义禄撰. —上海：上海古籍出版社，2017.7

（中国古代文史经典读本）

ISBN 978-7-5325-8524-3

Ⅰ.①朱… Ⅱ.①朱… Ⅲ.①朱熹(1130-1200)-哲学思想-研究②《朱子语类》-研究 Ⅳ.①B244.72

中国版本图书馆 CIP 数据核字(2017)第 153012 号

中国古代文史经典读本

朱子语类选评

朱义禄 撰

上海世纪出版股份有限公司

上海古籍出版社 出版

（上海瑞金二路 272 号 邮政编码 200020）

（1）网址：www.guji.com.cn

（2）E-mail：gujil@guji.com.cn

（3）易文网网址：www.ewen.co

上海世纪出版股份有限公司发行中心发行经销

常熟新骅印刷有限公司印刷

开本 787×1092 1/32 印张 9 插页 2 字数 119,000

2017 年 7 月第 1 版 2017 年 7 月第 1 次印刷

印数：1—3,100

ISBN 978-7-5325-8524-3

B·1018 定价：22.00 元

如有质量问题，读者可向工厂调换

出 版 说 明

　　上海古籍出版社成立六十多年来形成了出版普及读物的优良传统。上一世纪,本社及其前身中华书局上海编辑所策划、历时三十余年陆续出版的《中国古典文学作品选读》与《中国古典文学基本知识》两套丛书各八十种,在当时曾影响深远。不少品种印数达数十万甚至逾百万。不仅今天五六十岁的古典文学研究者回忆起他们的初学历程,会深情地称之为"温馨的乳汁";而且更多的其他行业的人们在涵养气度上,也得其熏陶。然而,人文科学的知识在发展更新,而一个时代又有一个时代的符号系统与表达、接受习惯,因此本世纪初,我社又为读者奉献了一套"新世纪文史哲经典读本",是为先前两套丛书在新世纪的继承与更新。

"新世纪文史哲经典读本"凝结了普及读物出版多方面的经验:名家撰作、深入浅出、知识性与可读性并重固然是其基本特点;而文化传统与现代特色的结合,更是她新的关注点。吸纳学界半个世纪以来新的研究成果,从中获得适应新时代读者欣赏习惯的浅切化与社会化的表达;反俗为雅,于易读易懂之中透现出一种高雅的情韵,是其标格所在。

"新世纪文史哲经典读本"在结构形式上又集前述两套丛书之长,或将作者与作品(或原著介绍与选篇解析)乳水交融地结合为一体,或按现在的知识框架与阅读习惯进行章节分类,也有的循原书结构撷取相应内容并作诠解,从而使全局与局部相映相辉,高屋建瓴与积沙成塔相互统一。

"新世纪文史哲经典读本"更是前述两套丛书的拓展与简约。其范围涵盖文学经典、历史经典与哲学经典,希望用最省净的篇幅,抉示中华文化的本质精神。

该套丛书问世以来,已在读者中享有良好的口碑。为了延伸其影响,本社于 2011 年特在其中选取十五种,请相关作者作了修订或增补,重新排版装帧,名之为"中国古代文史经典读本",以飨读者。出版之后,广受读者的好评,并于2015年被评为"首届向全国推荐中华优秀传统文化普及图书"。受此鼓舞,本社续从其中选取若干种予以改版推出,并得到国家有关部门的支持,多种获得2016年普及类古籍整理图书专项资助。希望这套书能继续为广大读者喜欢,为弘扬中华优秀传统文化作出贡献。

上海古籍出版社

2017年6月

目　录

导　　言

朱熹(1130—1200),字元晦,一字仲晦,号晦庵,别号考亭、紫阳。徽州婺源(今属江西)人。绍兴十八年(1148)进士,历仕高宗、孝宗、光宗、宁宗四朝。曾任泉州同安主簿、知南康军、秘阁修撰等职。他是南宋哲学家、教育家,也是中国封建社会后期学问极为广博、影响极为深远的学者。"致广大,尽精微,综罗百代",清代全祖望在《宋元学案·晦翁学案》中这一概括是恰如其分的。由于生于福建龙溪,又长期讲学于福建,故人称其学为闽学。朱熹积四十年工夫,把《大学》、《中庸》、《论语》、《孟子》分章断句,精心注释,编定《四书章句集注》。这本书在明清时期,被钦定为士人科举考试时必读经典的注释本。他一生博览群书,除儒家经典与历史著作外,历代诸子之学与天文、地理、兵法、诗文、佛教、道家等领域,无不涉猎而潜心研讨。朱熹集北宋周(敦颐)、邵(雍)、张(载)、二程(颢、颐)的理学思想,构筑了一个以"理"("天理")为核心的庞大的哲学体系。他用"天理"论证封建等级制度与纲常名教的合理性,成为宋代理学的集大成者。他有浓郁的圣人崇拜情结,奉圣人的言论为绝对真理,并以此作为内容教育众多门人。著作有《四书章句集注》、《伊洛渊源录》、《近思录》、《周易本义》、《诗集传》等,后人编纂为《晦庵先生朱文公文集》。朱熹对门人讲学的内容,集中在《朱子语类》中。朱熹的理学思想,成为封建社会后期统治阶级的理论工具。在明清两代被视为正宗儒学,成为官方所尊奉的意识形态。

《朱子语类》,是朱熹长期讲学的记录稿。朱熹的门人九十多人记录了他的讲学问答。由于各弟子所记内容有详略,侧重有不同,所以出现过多种本子的记录稿。《朱子语类》由黎靖德在南宋度宗咸淳六年(1270)编辑出版,是一部较为完备的记录稿。记录稿采用了语录体的分类汇编形式,全书共 140 卷,分为"理气"、"性理"、"自学"、"治道"、"训门人"等 26 门,约 200 万字左右。其中,关于《四书》的占 51 卷,《五经》占 29 卷,哲学专题如理气、知行等,专人如周敦颐、二程、张载、老、释等,以及个人治学方法等,约占 40 卷,政治、自然科学、文学、史学等约占 20 卷。《朱子语类》内容涉及哲学、宗教、伦理、经学、教育、自然科学、治学态度等方面,是研究朱熹思想与朱子学的一部重要著作。

关于《朱子语类》在研究朱熹思想中的作用,历史上有不同的见解。《朱子语类》是黎靖德对南宋已有的各种朱熹语录刊本,做了相互参校、补遗正误、削其重复的工作后,重新编定的一个集大成的本子。在《朱子语类》刊定前,学者对语录在把握朱熹思想中的地位与作用,就存在着意见的分歧。清初,程朱理学为统治阶级所重视,这一问题更突出了。理学大臣李光地奉旨编纂《朱子全书》时采用的语录甚多,但又以为内中不无讹误冗复之处。编写了《朱子年谱》的王懋竑也认为,其中不可信的部分颇多。与王懋竑同时的朱止泉,崇奉朱学,认为《朱子语类》记载了不少朱熹晚年的重要见解,是研究朱熹思想不可忽视的材料。

　　现代学者对《朱子语类》所持的态度是肯定的。现代研究中国哲学史、宋明理学方面有重大影响的著作,均大量采用了《朱子语类》中的相关材料。如侯外庐的《中国思想通史》,冯友兰的《中国哲学史新编》,任继愈的《中国哲学史》,冯契的《中国古代哲学的逻辑发展》,侯外庐与邱汉生、张岂之的《宋明理学史》等,在撰写朱熹思想的章节时,都以《朱子语类》中的材料作为他们立论的重要依据。至于研究朱熹的专著,如国内第一部关于朱熹的专著——张立文的《朱熹思想研究》,以及后来在这方面有进一步开拓发展的、束景南的《朱子大传》等著作,《朱子语类》也是他们立论的重要依据。现代新儒学大师钱穆作《朱子新学案》,以资料排比的方式,连篇累牍地引征了《朱子语类》中的记载。其中有"朱子论理气"一目,我作了个统计,共引用《朱子语类》中语录65条。钱穆的思路是,先收集朱熹语录中的相关内容,然后再与《朱文公文集》中的文章相印证,从而得出自己的结论来。

　　《朱子语类》在表达观点上比文集更为简捷明了，往往直指宗旨。如卷一对"天理"这一哲学最高范畴的论述就是如此，以致成为经典性论断。他说："未有天地万物之先，毕竟也只是理。"大凡学术专著、教科书与研究论文，在论及朱熹宇宙观时无不引用之。又如"圣贤千言万语，只是教人明天理，灭人欲"这句话，是朱熹理欲观上禁欲主义最为简明的表达。所以《朱子语类》对把握朱熹思想的宗旨，有非常重要的价值。《朱子语类》所载内容，源于师生之间相互研究学术的讨论活动，类似于今天的学术沙龙，只是没有制度化而已。面对面的讨论，气氛是比较活泼自由的，与朱熹闭门著书时的那种严谨郑重与反复修改是不一样的。一般地说，老师在回答学生提问时，往往是脱口而出，所用语言也以简明扼要为主。朱熹常常是把自己多年研究的心得，以直截了当的方式，在答复门人提出的问题中表达出来。《朱子语类》的内容，是朱熹思想即时的也是真实的反映。

分门别类的记载,使得《朱子语类》的内容显得相对集中,有利于人们的学习与研究。如卷一、卷二,保存了当时相当多的自然科学的成果,同时也有不少朱熹个人的见解。朱熹以"气"为核心,提出了类似于近代星云假说的宇宙演化理论,并对早期浑天说中难以解释的问题,作出了较为合理的解释。他运用阴阳二气的概念,在亲自观察的基础上,对雷、电、霜、雪、雨、虹、雹、露等天气现象成因的解释,不仅对神学灾异的思想有所破除,而且有一定的科学价值。至于从化石推论到自然界的海陆变迁,在古生物学与古地质学史上,有着重要的意义。卷一二、卷一五,集中讲述了格物致知方面的观点。卷一二二——卷一二八,重点论述他以"天理"论为核心的史学思想。卷一一四——卷一二一、卷一〇与卷一一,侧重在治学态度与读书方法上,提出了"熟读、精思、怀疑、自得"的主张。这些主张极富哲理性,对今人的学习与研究,是有启发意义的。

《朱子语类》对了解朱熹的晚年定论尤有用处。《朱子语类》记载了朱熹晚年的一些精要的见解,内中有纠正早期著作的某些观点的,也有丰富以往的主张的,对研究朱熹思想演变的轨迹有参考价值。朱熹关于理气先后的思想,有一个演变与发展的过程。在《太极图说解》中,他还没有提出理气先后的问题,在和陆九渊发生鹅湖之争后,才萌生了理气先后的想法。"要之也先有理。不可说是今日有是理,明日有是气。也须有先后。且如万一山河大地都陷了,毕竟理却在这里。"《朱子语类》卷一这段材料,记于庆元五年(1199),为研究朱熹理气观的演变提供了极有价值的资料。无怪乎钱穆在比照《朱子语类》与朱熹的其他著作后,发出这样的感叹:"读朱子书,据文集有时转不如据语类。"(《朱子新学案》,312页,巴蜀书社1986年版)清人朱止泉有一个允当的评价:《语类》一书,晚年精要语甚多,五十以前,门人未盛,录者仅三四家。自南康、浙东归,来学者甚众,诲谕极详,凡文词不能畅达者,讲说之间,滔滔滚滚,尽言尽意。义理之精微,工力之曲折,无不畅明其志。诵读之下,謦欬如生,一片恳恳精神,洋溢纸上。"(《朱止泉文集·答乔星渚》)从整体而言,这一评价并无过分之处。

文字通俗简明，易于理解，这是《朱子语类》的一个重要特点。朱熹讲学虽说是文人切磋学问，使用的语言比一般民众用的俗语、俚语显得文雅些，但大体上仍然是南宋时期的口语形态。不可否认，门人在整理时会有所加工润色，但无法根本变动朱熹的原话，可以说大体上反映了当时文人的口语面貌。南宋时代人们使用的生动活泼的口语，因此有很多在《朱子语类》里被保存了下来。如频频出现的"恁地"，就是宋代流行的口语，今作"怎样"。又如"文路子"一词，有方向、途径之意，至今人们口语中还保留其意。竹篮子是用竹篾以横与直不同的"文路子"编织而成的，朱熹以此来说明"理一分殊"。现今沪语讲某人不走正规途径，称"野路子"。尽管表达方式与内容有不同，但对"路子"的理解是相类的。这样一种文字，要比正儿八经的书面著作阅读起来更易理解。这为掌握与了解朱熹的思想，提供了方便之门。

综上所述，《朱子语类》是研究朱熹思想及其演变过程的主要资料。

《朱子语类》缺点有二条，一是条理性、系统性方面有所欠缺。如关于格物致知的论述，其《大学章句》中的《补大学格物致知传》，就比语录要清晰、完整得多，且逻辑性更强。二是有些口语今天已基本上不用了，较难知道它的确切含义。尽管这为研究古代语言的专家所青睐，但对一般读者来说还是不太方便的。

《朱子语类》的现代价值，不在于"理一分殊"、"格物致知"、"科学思想"等方面，而是在"熟读、精思、怀疑、自得"这八个字之中。贯穿其间的是打破前人成说的创新精神。现今中国教育制度下的学生，基本上是在"学会"这两个字上打转。学生在吸收知识量和接受能力上，是走在世界的前列的。多学、多练、多记，以应付各种各样考试的本领，也是让世界各国的学生望洋兴叹的。然而中国学生没有深入思考的习惯，在发现问题与解决问题的能力上，很难与国外的一些学生相比。多看、多想、多问，是西方发达国家学生较为一致的地方。记得法国一位哲学家说过，人是一根能思维的芦苇。在不断地进行思索的基础上提出疑问来,在解决疑团的前提下,提出与众不同的见解来,这是一个优秀学生的素质所在。惜乎目前中国的大多数学生没有这样的素质。老师上完了课,很少有学生下了课围着教师提问的事情。这是笔者在几十年的高校教学生涯中经常遇到的现实。大学生更多关心的,是如何应付考试,要问的内容是考试的重点与难点在哪里。"熟读、精思、怀疑、自得"这八个字,朱熹重视的是在基本知识扎实的基础上,如何进一步思考问题,对前人的学说要敢于怀疑,敢于提出自己的主张。这正是提倡创造性思维。一个没有创造能力的民族,是没有希望的民族;一个缺乏创造性思维的民族,是没有灵魂的民族。即使在今天,朱熹在读书哲理上提出的八字原则,仍然有着旺盛的生命力。

今以中华书局 1986 年出版的《朱子语类》为底本,精选有代表性的语录,分八个专题加以诠释与串讲,以期读者能以较少的时间知晓朱熹学说的全貌。本书写作遵循下列原则：

一、尽量选择经典性的、且常为学术界引用的语录。短一点的语录，则选择观点鲜明、直奔主题的；长一点的语录，则选择宗旨突出，且有师生问答的，以反映师生间自由讨论、反复诘难的氛围。

二、因朱熹讲学常引经据典，且喜对先前理学家言论发表看法，语录的选取上，考虑注释量少一点的为佳。又朱熹门人众多，有的根本无法考查，故不一一注明。

三、有些材料未作串讲，如道心与人心、天体的左旋与右旋、有疑与无疑的辩证关系等等。因其专业性较强，故留待有心的读者钻研。

四、文中凡引文未注明出处，只注卷数的，均指《朱子语类》，特此说明。

一、理气关系

朱熹的学说,往往和二程联系在一起,称之为程朱理学。从师门传承上说,朱熹是二程的四传弟子,即二程——杨时——罗从彦——李侗——朱熹。若从思想渊源来看,朱熹主要是继承了二程的学说。二程中程颢为兄长,程颐为弟弟。两人在思想作风上有些差别,但基本观点是一致的。二程受学于理学开山周敦颐,但他们以为,以"天理"为宗旨的思想体系,是他们依据自己的体验提出来的。"天理"就是朱熹所说的"理"。朱熹以为,在生人生物的过程中,"理"的作用是重要的。不过这个形而上之"理",还要形而下之"气"来加以配合。自然界与人类,均是"理"与"气"相配合而产生的。对两者谁先谁后的问题,朱熹的回答很明确,"理在气先"。这个先于自然界与人类就有的"理",实际上是一个抽象的概念,是一个生人生物的精神性本体。人们把朱熹的学说称之为客观唯心主义的道理,也就在于此。对理气关系,朱熹还从"道"与"器"、"太极"与"阴阳"的相互关系上作过进一步的论述。值得指出的是,朱熹在"太极"、"阴阳"的论述中,提出了对立的事物"相反而不可相互"的辩证见解。他对张载与二程的思想作

程 颢

了进一步的发挥,以为"一分为两"是一个无穷尽的过程。朱熹认同了二程天下万物"无独必有对"的思想,并进一步指明了"有对"的复杂性。"有对"用今天的话来说,就是天下万物中,矛盾的双方处于互相斗争、互相转化的无穷的状态之中。

显然,这是朱熹留给后人的宝贵的精神财富,尽管他的论述是以抽象思辨的形式出现的。提出"师夷之长以制夷"主张的魏源,对"无独必有对"的论述,就是在朱熹论述的基础上有所发展。

　　问理与气。曰:"有是理便是有气,但理是本,而今且从理上说气。如云:'太极动而生阳,动极而静,静而生阴①。'不成动已前便无静。程子②曰:'动静无端。'盖此亦是且自那动处说起。若论着动以前又有静,静以前又有动,如云:'一阴一阳之谓道,继之者善也③。'这'继'字便是动之端。若只一开一阖而无继,便是阖杀了。"又问:"继是动静之间否?"曰:"是静之终,动之始也。且如四时,到得冬月,万物都归窠了;若不生,来年便都息了。盖是贞复生元,无穷如此。"(卷一)

①"太极"句：源自周敦颐的《太极图说》："太极动而生阳,动极而静,静而生阴。静极复动。一动一静,互为其根。"强调动与静是相互依存的。太极,源自《周易·系辞传》："易有太极,是生两仪,两仪生四象,四象生八卦。"指天地未分时阴阳二气的统一体。后人对此解释,众说纷纭。 ② 程子：对北宋理学家程颢与程颐的尊称。程颢(1032—1085),字伯淳,洛阳人,人称明道先生。著作有《定性书》、《识仁篇》等。程颐(1033—1107),字正叔,洛阳人,人称伊川先生。著作有《伊川易传》、《颜子所好何学论》等。二程俱学于周敦颐,他们创立的学说,后为朱熹继承和发展,世称程朱理学或程朱学派。 ③"一阴"句：源自《周易·系辞传》。一阴一阳之谓道,是说阴阳之气,作为对立面而互相转化往来无穷,这叫做"道"。继之者善也,是说人是承袭了"道"而生,有生之初与"道"同一,无不善良美好。

　　或问先有理后有气之说。曰："不消如此说。而今知得他合下是先有理,后有气邪；后有理,先有气邪？皆不可得而推究。然以意度之,则疑此气是依傍这理行。及此气之聚,则

理亦在焉。盖气则能凝结造作,理却无情意,
无计度,无造作。只此气凝聚处,理便在其中。
且如天地间人物草木禽兽,其生也,莫不有种,
定不会无种子白地生出一个物事,这个都是
气。若理,则只是个净洁空阔底世界,无形迹,
他却不会造作;气则能酝酿凝聚生物也。但有
此气,则理便在其中。"(卷一)

问:"有是理便是有气,似不可分先后?"
曰:"要之,也先有理。只不可说是今日有是
理,明日却有是气;也须有先后。且如万一山
河大地都陷了,毕竟理却只在这里。"(卷一)

问:"昨谓未有天地之先,毕竟是先有理,
如何?"曰:"未有天地之先,毕竟也只是理。有
此理,便有此天地;若无此理,便亦无天地,无
人无物,都无该载了!有理,便有气流行,发育

万物。"（卷一）

问："先有理，抑先有气？"曰："理未尝离乎气。然理形而上者，气形而下者。自形而上下言，岂无先后！理无形，气便粗，有渣滓。"或问："必有是理，然后有是气，如何？"曰："此本无先后之可言。然必欲推其所从来，则须说先有是理。然理又非别为一物，即存乎是气之中；无是气，则是理亦无挂搭处。气则为金木水火，理则为仁义礼智。"（卷一）

"形而上者谓之道，形而下者谓之器①。"道是道理，事事物物皆有个道理。器是形迹，事事物物亦皆有个形迹。有道须有器，有器须有道，物必有则。

"形而上谓道，形而下谓器。"这个在人看始得。指器为道，固不得；离器于道，亦不得。

且如此火是器，自有道在里。（卷七五）

① "形而上"句：语出《周易·系辞传》。形而上者谓之道，是说一阴一阳的"道"作为先民心目中的规律，它是无形的；形而下者谓之器，是说有形的东西就不是"道"，只能是具体的器物。

若无太极，便不翻了天地。太极只是一个"理"字。有是理后生是气，自"一阴一阳之谓道"推来。（卷一）

衣食动作只是物，物之理乃道也。将物便唤做道，则不可。且如这个椅子有四只脚，可以坐，此椅之理也。若除去一只脚，坐不得，便失去其椅之理矣。"形而上为道，形而下为器"，说这形而下之器之中，便有那形而上之道。若便将形而下之器作形而上之道，则不可。且如这个扇子，此物也，便有个扇子底道

理。扇子是如此做,合当如此用,此便是形而上之理。(卷六二)

问:"太极不是未有天地之先有个浑成之物,是天地万物之理总名否?"曰:"太极只是天地万物之理。在天地言,则天地中有太极;在万物言,则万物中各有太极。未有天地之先,毕竟是先有此理。动而生阳,亦只是理;静而生阴,亦只是理。"(卷一)

仲履云:"太极便是人心之至理。"曰:"事事物物皆有个理,是道理之极至。"蒋元进曰:"如君之仁,臣之敬,便是极。"曰:"此是一事一物之极,总天地万物之理,便是太极。太极本无此名,只是个表德。"

问:"阴阳动静以大体言,则春夏是动,属阳;秋冬是静,属阴。就一日言之,昼阳而动,夜阴而静。就一时一刻言之，无时而不动静，无时而无阴阳。"曰："阴阳无处无之，横看竖看皆可见。横看则左阳而右阴，竖看则上阳而下阴；仰手则为阳，覆手则为阴；向明处为阳，背明处为阴。"（卷九四）

"无极而太极①"，盖恐人将太极做一个有形象底物看，故又说"无极"，言只是此理也。

"无极而太极"，只是说无形而有理。所谓太极者，只二气五行②之理，非别有物为太极也。又云："以理言之，则不可谓之有；以物言之，则不可谓之无。"

"无极而太极"，只是无形而有理。周子③恐人于太极之外更寻太极，故以无极言之。既谓之无极，则不可以有底道理强搜寻也。（卷九四）

　　① 无极而太极：道家主张的"无极"，意为无穷。《老子》中有"复归于无极"的话。自从理学开山祖周敦颐吸取道家思想，在《太极图说》中说"无极而太极"后，"无极"、"太极"便成为理学家讨论本体论的重要话题。周敦颐的"太极"，为化生万物的总根源。朱熹以为，不是"太极"以外另有一个"无极"，"太极"是天地万物之"理"总和，是无形迹的。陆九渊不同意朱熹的理解，从心本论上提出自己的见解，与朱熹发生过争论。　　② 二气五行：指阴阳二气与金、木、水、火、土。中国古代一些哲学家认为，气是产生万物与人的始基。如《庄子·知北游》中所说："人之生，气之聚也。聚则为生，散则为死。"气有阴与阳的不同而对立着。《易经》把自然界与人类社会中的一切变化，看作是由阴阳二种对立的力量交互作用而引起的。《易传》提出"一阴一阳之为道"，是对《易经》的理论总结。五行说初见于《尚书·洪范》。五行是先民们从众多的物质中，提取出的与人类生活及生产关系最为密切的作为世界万物产生根本的五种元素。　　③ 周子：指周敦颐。周敦颐（1017—1063），字茂叔。营州营道（今湖南道县）人。因筑书堂于庐山莲花峰下小溪旁，以濂溪名之，故后人称其为濂溪先生。周敦颐是宋明理学的奠基人之一，著作有《通书》、《太极

图说》等。朱熹有《通书解》、《太极图说解》,以诠释周敦颐著
作来抒发自己的主张。

　　"无极而太极",而今人都想像有个光明闪
烁底物事在那里。那不知本是说无这物事,只
是有个理,解如此动静而已。及至一动一静,
便是阴阳。一动一静,循环无端。"太极动而
生阳",亦只是从动处说起。其实,动之前又有
静,静之前又有动,推而上之,其始无端。推而
下之,以至未来之际,其卒无终。自有天地,便
只是这物事在这里流转。一日便有一日之运,
一月便有一月之运,一岁便有一岁之运,都只
是这个物事滚,滚将去,如水车相似:一个起,
一个倒;一个上,一个下。其动也,便是中,是
仁;其静也,便是正,是义。不动则静,不静则
动;如人不语则默,不默则语,中间更无空处。
(卷一一六)

或问太极。曰:"太极只是个极好至善底道理,人人有一太极,物物有一太极。周子所谓太极,是天地人物万善至好底表德。"

太极非是别为一物,即阴阳而在阴阳,即五行而在五行,即万物而在万物,只是一个理而已。因其极至,故名曰太极。(卷九四)

如易有太极,是生两仪,则先从实理处说。若论其生则俱生,太极依旧在阴阳里。但言其次序,须有这实理,方始有阴阳也,其理则一。虽然,自见在事物而观之,则阴阳涵太极;推其本,则太极生阴阳。(卷一一六)

问:"'太极动而生阳',是有这动之理,便能动而生阳否?"曰:"有这动之理,便能动而生阳;有这静之理,便能静而生阴。既动,则理又在动之中;既静,则理又在静之中。"曰:"动静

是气也,有此理为气之主,气便能如此否?"曰:
"是也。既有理,便有气;既有气,则理又在乎
气之中。"(卷九四)

　　太极者,如屋之有极,天之有极,到这
里更没去处,理之极至者也。阴动阳静,
非太极动静,只是理有动静。理不可见,
因阴阳而后知,理搭在阴阳上,如人跨马
相似。才生五行,便被气质拘定,各为一
物,亦各有一性,而太极无不在也。统言
阴阳,只是两端,而阴中自分阴阳,阳中亦
有阴阳。"乾道成男,坤道成女①"。男虽
属阳,而不可谓其无阴;女虽属阴,亦不可
谓其无阳。人身气属阳,而气有阴阳;血
属阴,而血有阴阳。(卷九四)

① "乾道"句:语出《周易·系辞》。意谓天地生万物,而

万物无不分为两性。

人固是静中动，动中静，亦谓之物。凡言物者，指形器有定体而言，然自有一个变通底在其中。须知器即道，道即器，莫离道而言器可也。凡物皆有此理。且如这竹椅，固是一器，到适用处，便有个道在其中。（卷九四）

问："'天下万物之理，无独必有对[①]。'对是物也，理安得有对？"曰："如高下小大清浊，之类，皆是。"曰："高下小大清浊，又是物也，如何？"曰："有高必有下，有大必有小，皆是理必当是如此。知天之生物，不能独阴，必有阳；不能独阳，必有阴；皆是对。这对处，不是理对。其所以有对者，是理合当恁地[②]。"（卷九五）

①"天下"句：语出程颢："天地万物之理，无独必有对，

皆自然而然,非有安排也。"(《二程遗书》卷一一)意谓万物中蕴藏着相互对立的道理,这一道理是客观存在的而不是人为的。　②恁地:怎样。

> 问:"'天下之理,无独必有对。'有动必有静,有阴必有阳,以至屈伸消长盛衰之类,莫不皆然。还是他合下便是如此邪?"曰:"自是他合下来是如此,一便对二,形而上便对形而下。然就一言之,一之中又自有对。且如眼前一物,便有背有面,有上有下,有内有外。二又各自为对,虽说'无独必有对',然独中又自有对。且如棋盘路两两相对,末稍中只空一路,若似无对;然此一路对了三百六十路,此所谓'一对万,道对器'也。"(卷九五)

《太极图》说:"五行一阴阳也,阴阳一太极也",二气交感,所以化生万物,这便是"天地之塞吾其体,天地之帅吾其性"①。只是说得有详略,有急缓,只是这一个物事。所以万物到秋冬时,各自收敛闭藏,忽然一下春来,各自发越条畅。这只是一气,一个消,一个息。只如人相似,方其默时,便是静;及其语时,便是动。那个满山青黄碧绿,无非是这太极。(卷九四)

①"天地"句:语出张载《西铭》。意谓充满了天地之间的气,是构成了人的身体的;气的本性,即天地之间的领导因素就是人的天性。

问"一故神"①。曰:"横渠说得极好,须当子细看。但《近思录》②所载与本书不同。当时缘伯恭不肯全载,故后来不曾与他添得。'一故神',横渠亲注云:'两在故不测③。'只是这一物,却周行乎事物之间。如所谓阴阳、屈伸、往来、上下,以至于行乎什伯千万之中,无非这一个物事，所以'两在故不测'。'两故化'，注云：'推行乎一④。'凡天下之事，一不能化，惟两而后能化。且如一阴一阳，始能化生万物。虽是两个，要之亦是推行乎此一尔。此说得极精，须当与他子细看。"（卷九八）

① 一故神：意谓气是一物两体的，即包含对立部分的统一物。　②《近思录》：十四卷，朱熹与吕祖谦同撰。分门别类摘录周敦颐、程颢、张载的言论，共得622条。　③ 两在故不测：意谓气中有对立，所以发生变化，有不测之妙用。④ "两故化"与"推行乎一"：意谓气中有对立的两部分，是一定要发生变化的，但这种变化又是在"一"（气）之中进行的。朱熹所引张载的话，皆出自张载《正蒙·参两》。

公晦问："'中庸'①二字，旧说依程子'不偏不易'之语。今说得是不偏不倚、无过不及而平常之理。似以不偏不倚无过不及说中，乃是精密切至之语；而以平常说庸，恰似不相粘著。"曰:"此其所以粘著。盖缘处得极精极密,只是如此平常。若有些子咤异,便不是极精极密,便不是中庸。凡事无不相反以相成,东便与西对,南便与北对,无一事一物不然。明道②所以云:'天下之物,无独必有对,终夜思之,不知手之舞之足之蹈之!'直是可观,事事如此。"(卷六二)

① 中庸:孔子哲学、伦理思想的重要范畴。意谓不偏不倚把握"中"这个准则,在对立的两端做到既没有过头、也没有不及的地步。《论语·雍也》云:"中庸之为德也,其至乎!民鲜久矣。"中庸是孔子对待社会与人生的基本态度,它对后世影响极为深远,在中国古代社会里已渗透到一般民众的心理之中。对中庸内涵的研究,是理学家及其门徒们反复讨论的重要课题。 ② 明道:即程颢。

问:"如何便至'不知手之舞之足之蹈之'?"曰:"真个是未有无对者。看得破时,真个是差异好笑。且如一阴一阳,便有对。至于太极,便对甚底?"曰:"太极有无极对。"曰:"此只是一句。如金木水火土,即土亦似无对,然皆有对。太极便与阴阳相对,此是'形而上者谓之道,形而下者谓之器',便对过,却是横对了。土便与金木水火相对。盖金木水火是有方所,土却无方所,亦对得过。胡氏谓'善不与恶对',恶是反善,如仁与不仁,如何不可对?若不相对,觉说得天下事都尖斜了,没个是处。"(卷九五)

问:"'立天之道曰阴阳①'。道,理也;阴阳,气也。何故以阴阳为道?"曰:"'形而上者谓之道,形而下者谓之器',明道以为须著如此说。然器亦道,道亦器也。道未尝离乎器,道亦只是器之理。如这交椅是器,可坐便是交椅之理;人身是器,语言动作便是人之理。理只

在器上,理与器未尝相离,所以'一阴一阳之谓
道'。"曰:"何谓'一'?"曰:"一,如一阖一辟谓
之变。只是一阴了,又一阳,此便是道。寒了
又暑,暑了又寒,这道理只循环不已。"(卷
七七)

① 立天之道曰阴阳:语出《周易·说卦传》。意谓天道就
是"一阴一阳"之间相互关系的体现。

或问"一故神"。曰:"一是一个道理,却
有两端,用处不同。譬如阴阳:阴中有阳,阳
中有阴;阳极生阴,阴极生阳,所以神化无穷。"
(卷九八)

"阴阳"虽是两个字,然却是一气之消息,
一进一退,一消一长。进处便是阳,退处便是
阴;长处便是阳,消处便是阴。只是这一气之

消长，做出古今天地间无限事来。所以阴阳做一个说亦得，做两个说亦得。（卷七四）

中国古代哲学经几千年的独立发展，积累了丰富的思想资料。哲学论争的中心，由先秦的"天人"、"名实"之辨，经魏晋南北朝的自然与名教、有无本末、言意关系这三大辩论，再发展到宋明理学，成为"理气道器"之辨与"心物知行"之争。这样，人们的思维与客观的存在关系的争论，比以往更为明确了。宋明理学家，对"理气"、"心物"关系，作出了不同的回答，形成了三个主要哲学流派，即气本论、理本论和心本论。张载与罗钦顺、二程与朱熹、陆九渊与王阳明，分别为这些流派的主要代表。理本论，大体上和程朱理学相当；心本论，大体上与陆王心学相当。主张气本论的思想家，也是宋明理学家中的重要成员。"理气"与"心物"的关系，实际上包括三项内容：物质世界、精神以及物质世界在人的头脑中的反映（概念、范畴、规律）。这三项体现在宋明理学中，就是气、心、理以及三者的相互关系。朱熹力图对以往的哲学作出总结,他的哲学思想也就自然而然地围绕着这三项而展开。在朱熹生活的年代里,心学已经开始崛起。朱熹不同意陆九渊的心学,两人在江西鹅湖曾发生激烈的论争(史称"鹅湖之争")。在朱熹思想中,可以非常明显地看到张载的影响,而张载对气本论作了最为精致与深入的构建。

朱熹虽是主张理本论,但并不排斥"气"在万物生成中的作用。朱熹以为,"理"是万物之所以形成的道理,是为生物之"本";"气"是生物之"具",即形成万物的具体材料。朱熹说:

> 天地之间,有理有气。理也者,形而上之道也,生物之本也。气也者,形而下之器也,生物之具也。
>
> (《朱文公文集》卷五八《答黄道夫》)

在万物的生成过程中,"理"与"气"两者缺一不可。所以说天地这个世界中,"天下未有无理之气,亦未有无气之理"(卷二)。宇宙间的一切现象,都得用理气关系来说明:"才有此理,便有此气;才有此气,便有此理。天下万物万化,何者不出于此理,何者不出于阴阳?"(卷一五)"理"与"气",作为说明宇宙间万物生化的基本范畴,是互相依存的。

这样说虽有点辩证的味道,但朱熹的学生还是弄不懂一个问题,就是"理"与"气"哪一个先有,哪一个后有?朱熹的回答很明白:

> 要之,也先有理。只不可说是今日有是理,明日却有是气;也须有先后。且如万一山河大地都陷了,毕竟理却只在这里。(卷一)

意思很清楚,即使山河大地没有了,还是有生成万物的"理"在。这是因为,"理"是根本的,为"形而上者";"气"是具体的,为"形而下者"。"理"与"气","岂无先后"(卷一)?朱熹反复教导学生,不能把"理"当作一个实实在在的事物来看待。它是没有具体形迹,没有情感的"净洁空阔底世界"(卷一)。它无非是一个"道理"

而已,是从众多具体事物中抽象出来的一个概念罢了。朱熹以为,人们制造一个器物,首先要有个概念,这是无有形迹的,同时还要有具体的材料。比如说,制作一把扇子,先要有一个关于扇子的概念或蓝图在脑海中,然后再把这一蓝图具体落实到材料的加工上。这叫做"扇子底道理"。这和古代希腊哲学家亚里士多德的主张很相似。亚里士多德在分析万物生成和变化时,提出了四因说:质料因、形式因、动力因、目的因。后三种原因,常常合而为一,即形式因。就形式因来说,亚里士多德是指事物的原型。朱熹以为,形式与质料相结合,才能形成器物(如扇子)。推而广之,自然界也是如此。日月、星辰、山川、草木、禽兽的产生,先要有关于日月、星辰、山川、草木、禽兽之"理"。先有抽象的概念,然后再配以具体的质料,始有万物的产生。如推及到人类社会,也是一样的道理。即未有君臣、父子、夫妇的人际关系前,社会上就已经有了君臣、父子、夫妇之"理"了。

朱熹从"道器"关系出发,对"理为本"的主张作了论证。他沿用了《周易》中的说法,以为"道"属"形而

上"，"器"属"形而下"。"道"是讲抽象精神的，"道是
道理"；"器"是讲具体事物的，"器是形迹，事事物物亦
皆有个形迹"。"道"和"器"的关系，就是"理"和"物"
的关系。同"有理便有气"一样，"有道须有器，有器则
有道"（卷七五）。朱熹把"理为本"的思想贯穿到"道
器"关系中，论证了先有抽象概念、后有具体事物的客
观唯心主义的主张。他以人类制作器物的活动作类比，
以说明万物的起源与生成。人们在制作器物时，往往在
头脑中存在着关于这一活动结果的蓝图，也可以说预想
或计划。这是人区别于动物的有意识活动和创造活动
的主要特征。马克思说，蜜蜂的建筑本领使人间许多建
筑师感到惭愧，蜂房在建筑方面的水平是很灵巧的。但
是，最蹩脚的建筑师比最灵巧的蜜蜂还要高明，建筑师在
一开始时就已经在自己的头脑中把房子建成了。活动的
结果观念地存在于制作者的脑海中，是人类劳动的基本
特征。朱熹以为，人们制作器物时先得有个概念在头脑
中，如造房子之前，就一定得有关于房子的概念，这是无
形迹的"形而上"之"道"。这个概念就是先于"气"的

"理"，即二程所说的，"不为尧存，不为桀亡"的"天理"。朱熹忘掉了一点，即人们关于房子的概念是来源于客观实际的生产活动中的。人类对于房子的种种设想，不是先天就有的，是来自于无数次建造房子的实践活动。正是无数次造房的反复实践，才产生了关于房子的构想、蓝图等概念。朱熹的"理"，作为人的抽象概念或理想蓝图，来自于人类无数次制造器物这一不断实践又不断升华的过程。朱熹却把产生思想的实践过程全抹掉了，宣称客观事物是以抽象概念为存在基础的。朱熹把这一抽象概念称之为"理"，以"理"为生成万物的精神性本原，超越于整个人类之上而永恒存在。这种以抽象概念为先于物质世界而独立存在的思想，是属于客观唯心主义范畴的。学术界把朱熹定为客观唯心主义者，用以区别像陆九渊这样的主观唯心主义者，是有充分依据的。

朱熹以"太极"为"理"的总和，"太极"是天地万物之所以生成的总根源：

总天地万物之理，便是太极。（卷九四）

上天之载,无声无臭,而实造化之枢纽,品汇之根柢也。故曰"无极而太极",非太极之外复有无极也。(《太极图说解》)

作为造化的原因,"太极"不能如"今人都想像有个光明闪烁底物事在那里",它"只是有个理"(卷一一六)。朱熹用"无声无臭"来形容"太极",或者说是"形而上之道"。"太极"的实际情况是"无形而有理"(卷九四),不能把它当作是有实际形状的"物事"来看待。无形的"理"如何转化成有形的"物"呢?朱熹继承了周敦颐的"太极动而生阳,静而生阴"的主张,以为"太极"的"动静"生出阴阳,阴阳变合而生出五行。"有太极,则一动一静而两仪分;有阴阳,则一变一合而五行具。"(《太极图说解》)金、木、水、火、土五行的变化,不可穷尽。四时的循环更替,也离不开阴阳的变化。"五行异质,四时异气,而皆不能外乎阴阳。"(《太极图说解》)"阴阳"就是阴阳二气,它们之间的交感变合,不但产生了万物,而且萌生了人世间的男男女女。"阳而健者成男,则父之道也;阴而顺者成女,则母之道也。是人物之始,以气化而生者也。"(《太极图说解》)"太极"作为无形的"理"与有形的"气"相结合,才能形成天地万物。"理"或"太极",一直是同"气"或"阴阳"相杂在一起的。所以朱熹说:"此气凝聚处,理便在其中。"(卷一)作为"无形而有理"的"太极",是产生阴阳、五行、万物的本体,但决不游离于阴阳、五行、万物之外。这叫"即阴阳而阴阳,即五行而五行,即万物而万物"(卷九四)。阴阳、五行、万物、男女,并不是分享"太极"的一部分,而是享有"太极"的整体。"自男女而观之,则男女各一其性,而男女一太极也;自万物而观之,则万物各一其性,而万物一太极也。盖合而言之,万物统体一太极也;分而言之,一物各具有一太极也。"(《太极图说解》)这里涉及朱熹哲学的核心,那就是他的"理一分殊"理论。

朱熹关于"太极"与"阴阳"关系的论述,存在一些辩证法的因素。"太极"无形不可见,因阴阳二气才使人们感受到"太极"的存在。天下万物都是由阴阳二气相互之间作用而产生的,这叫"二气交感,所以化生万

物"(卷九四)。朱熹论阴阳交感时,表达了一些具有辩证法因素的思想:

> 凡事无不相反以相成,东便与西对,南便与北对,无一事一物不然。(卷六二)

> 天地之化,包括无外,运行无穷,然其所以为实,不越乎一阴一阳两端而已,其动静、屈伸、往来、阖辟、升降、浮沉之性,虽未尝一日不相反,然亦不可一日而相无也。圣人作《易》以通神明之德,类万物之情,其所以说者,亦若是焉耳矣。(《朱文公文集》卷七六《金华潘文公文集序》)

万物的运动,都是阴阳二气消长过程的体现。阴阳二气的运动有着自身的规律,那就是对立的两端,既"相反而不可以相无",又互相斗争、互相渗透、互相转化,从而形成无休止的运动。

当然,朱熹的辩证法思想是在承继二程的基础上,显现出自己的特色来的:

一便对二，形而上便对形而下。然就一言之，一之中又自有对。且如眼前一物，便有背有面，有上有下，有内有外。二又各自为对，虽说"无独必有对"，然独中又有对。（卷九五）

"无独必有对"，是程颢提出来的。他以为万物之中，蕴藏着相互对立的道理，而这一规律是客观存在的，不是人力有意安排的。与前人相比，朱熹的"一分为二"的内涵要丰富得多。二程只分到四就结束了，周敦颐在《太极图说》也只是分到止为止，而朱熹以为可以无穷尽地分下去。他在回答学生关于"太极生两仪、两仪生四象、四象生八卦"的问题时说："此只是一分为二，节节如此，以至于无穷，皆是一生两尔。"（卷六七）

下面分析"一分为两"的具体内容。朱熹说：

一，如一阖一辟谓之变。只是一阴了，又一阳，此便是道。寒了又暑，暑了又寒，这道理只循环不已。（卷七七）

"一"就是个统一物,统一物中包含着对立的两个方面。"一之中又自有对。且如眼前一物,便有背有面,有上有下,有内有外。"(卷九五)这种意义上的"一",可从三个层次来理解。一是说,统一物中有着互相排斥的两端,如阖辟、寒暑、阴阳、屈伸、往来、上下、内外、背面等等,它们各有不同的作用。二是说,"'一'是一个道理,却有两端,用处不同,譬如阴阳,阴中有阳,阳中有阴,阳极生阴,阴极生阳,所以神化无穷"(卷九八)。对立的双方是互相依存、互相渗透的,是你中有我、我中有你。对立的一方,必须以另一方为自己存在的条件。三是说,对立的两端是可以互相转化的,如阴达到极盛后就会衰败下去,而阳抬头了。阴阳、寒暑的界限是不分明的。朱熹多次提到张载的"一故神,两故化"的主张,认为"横渠说得极好"、"此说得极精"(卷九八),原因就在这里。朱熹没有讲明双方的相互转化是需要一定的条件的,这是他的不足之处。

朱熹认为,"对"的形式不是简单划一的,而是繁复多变的。且看朱熹下面的一段论说:

盖所谓对者，或以左右，或以上下，或以前后，
或以多寡，或以类而对，或以反而对。反复推之，天
地之间真无一物兀然无对而孤立者。(《朱文公文集》
卷四二《答胡广仲》)

世界上的一切事物均处于对待之中，都有它们各自的对
立面。"对"是多种多样的，如形体上的左右、空间上的
上下、时间上的前后、数量上的多寡、性质上的相类或相
反……从这样的视角去看世界上的一切事物，就没有一
个事物是无对而孤立的。朱熹如此说，必然引起门徒们
这样的疑惑：作为产生万物的最高本体太极也"有对"
吗？朱熹回答说，太极与阴阳相对，这是"形而上之道"
与"形而下之器"相对。五行之中有土，与金、木、水、火
相对，因为金、木、水、火是有具体方位的，而土不在东南
西北的方位上，是有方位与无方位的相对。在社会道德
领域中，善与恶对，仁与不仁对。总而言之，事物是各各
相对的，没有例外的存在。事物之"有对"，究其根源是
在于"理"：

有高必有下,有大必有小,皆是理必当是如此。知天之生物,不能独阴,必有阳;不能独阳,必有阴;皆是对。这对处,不是理对。其所以有对者,是理合当恁地。(卷九五)

阴阳、大小、高下等等的对待,完全是"理"之使然。朱熹认为,世界上一切事物,均在对待之中而没有一个孤立的,完全是出于"理"的安排。朱熹不仅认可"一便对二",而且强调"一中又自有对"。这就把二程的"无独必有对"的思想丰富了。总而言之,朱熹的这些主张确实是合乎辩证思维的,达到了他那个时代所能达到的最高水平。

二、理一分殊

　　"理一分殊"是宋明时期哲学家经常讨论的命题，研讨的是本体之理与万物之理、万事万物关系的统一问题。在理学家的著作中，有关"理一分殊"的论述可说是俯拾即是。朱熹对此论述尤为详尽，为朱熹哲学思想的核心之一。其思想渊源为唐代的华严宗与禅宗。朱熹采纳了华严宗与禅宗的思想，把周敦颐、张载、二程的"理一分殊"说进一步发展了。他超越前人之处，在于他从本体论的角度阐发"理一分殊"，而自二程到朱熹的老师李侗都没有做到这一点。朱熹一方面认为，张载的《西铭》通体是讲"理一分殊"的；另一方面又融合华严宗"一即一切、一切即一"的思想与禅宗"月印万川"

的主张,把"理一分殊"作为理本论哲学的基础。他从本体论角度出发,以为总合天地万物之理,只是一个理,分开来说,每个事物各自有一个理。然而千差万别的事物,都是那"理一"的完美体现。应用于社会中的人际关系,"理一分殊"强调,鉴于各人所处的社会地位不同,理于不同人的对应表现是有别的("分殊")。但所有"分殊"的理均是享用了整体的"理一",是"理一"的流行发用。这就为封建等级秩序的合法性与道德准则的正当性,提供了本体论上的依据。

　　某旧时亦要无所不学,禅、道、文章、《楚辞》、诗、兵法,事事要学,出入时无数文字,事事有两册①。一日忽思之曰:"且慢,我只一个浑身,如何兼得许多。"自此逐时去了。大凡人知个用心处,自无缘及得外事。(卷一○四)

　　① 事事有两册:意谓在禅、道、文章、《楚辞》、诗、兵法等不同的学术领域中,都有两大本读书心得。

　　曰:"子静①说话,常是两头明,中间暗②。"或问:"暗是如何?"曰:"是他那不说破处。他所以不说破,便是禅。所谓'鸳鸯绣出从君看,莫把金针度与人'③,他禅家自爱如此。某年十五六时,亦尝留心于此。一日在病翁④所会一僧,与之语。其僧只相应和了说,也不说是不是,却与刘说,某也理会得个昭昭灵灵⑤底禅。刘后说与某,某遂疑此僧更有要妙处在,遂去扣问他,见他说得也煞好。及去赴试时,便用他意思去胡说。是时文字不似而今细密,由人粗说,试官为某说动了,遂得举。"(卷一○四)

　　① 子静:指陆九渊。陆九渊(1139—1193),字子静,号象山,宋代抚州金溪(今属江西)人。宋代著名哲学家,提出"心即理"之说。其断言"宇宙便是吾心,吾心便是宇宙",是典型的主观唯心主义者。学问上强调发明本心,受禅学影响颇深。与朱熹的主张不合,在鹅湖书院二人有过激烈的争论。

② "两头"句:意谓说话头尾明白,中间不清楚。 ③ "鸳鸯"两句:语出金人元好问《论诗三首》。意谓不要把作诗的秘密教给别人。这里用来说明禅家说不破的原因。 ④ 病翁:刘子翚,字彦仲,号病翁,宋建州崇安(今属福建)人,是朱熹的启蒙导师,他为朱熹取字"元晦"。他传授给朱熹的,是融会儒、佛、道三家的理学思想,对朱熹的思想形成有较大的影响。 ⑤ 昭昭灵灵:明明白白。

　　行夫问:"万物各具一理,而万理同出一源,此所以可推而无不通也。"曰:"近而一身之中,远而八荒①之外,微而一草一木之众,莫不各具此理。如此四人在坐,各有这个道理,某不用假借于公,公不用求于某;仲思与廷秀亦不用自相假借,然虽各自有一个理,又却同出于一个理尔。如排数器水相似,这盂也是这样水,那盂也是这样水,各各满足,不待求假于外。然打破放里,却也只是个水。此所以可推而无不通也。所以谓格得多后自能贯通者,只

为是一理。释氏云:'一月普现一切水,一切水月一月摄。'②这是那释氏也窥见得这些道理。"(卷一八)

① 八荒:八方荒远的地方。 ② "释氏云"句:朱熹引用了慧能弟子玄觉的话,来说明"理一分殊"。玄觉禅师在《永嘉证道歌》中说:"一性圆通一切性,一法遍合一切法,一月普现一切水,一切水月一月摄。"这一水月之喻,被概括为"月印万川"。

问:"'理性命'章①注云:'自其本而之末,则一理之实,而万物分之以为体,故万物各有一太极。'如此,则是太极有分裂乎?"曰:"本只是一太极,而万物各有禀受,又自各全具一太极尔。如月在天,只一而已;及散在江湖,则随处而见,不可谓月已分也。"(卷九四)

① 理性命章:周敦颐《通书》中的一章。朱熹对《通书》

的版本作了考订,并作了注解。

圣人所以发用流行处,皆此一理,岂有精粗。正如水相似,田中也是此水,池中也是此水,海中也是此水。不成说海水是精,他处水是粗,岂有此理! 缘他见圣人用处,皆能随事精察力行。不过但见圣人之用不同,而不知实皆此理流行之妙。且如事君是此理,事亲孝也是此理,交朋友也是此理,以至精粗小大之事,皆此一理贯通之。(卷二七)

凡看道理,须是细心看名义分位之不同。通天下固同此一理,然圣贤所说有许多般样,须是一一通晓分别得出,始得。若只侊侗①说了,尽不见他里面好处。如一炉火,四人四面同向此火,火固只一般,然四面各不同。若说我只认晓得这是一堆火便了,这便不得,他里

面玲珑好处无由见。(卷一八)

① 优侗:含糊,不分明。

　　或问"理一分殊"。曰:"圣人未尝言理一,多只言分殊。盖能于分殊中事事物物、头头项项理会得其当然,然后方知理本一贯。不知万殊中各有一理,而徒言理一,不知理一在何处。圣人千言万语教人,学者终身从事,只是理会这个。要得事事物物,头头件件,各知其所当然,而得其所当然,只此便是理一矣。如颜子①颖悟,'闻一知十',固不甚费力。曾子②之鲁,逐件逐事一一根究著落到底。孔子见他用功如此,故告以'吾道一以贯之'③。若曾子元不曾理会得万殊之理,则所谓一贯者,贯个什么!盖曾子知万事各有一理,而未知万理本乎一理,故圣人指以语之④。"(卷二七)

① 颜子：姓颜名回，字渊。其家境贫困，生活条件很艰苦，但精神上却很愉快。他终身追随孔子，好学不倦，善于思索，为孔子学生中以颖悟著称者。《论语·公冶长》中说他"闻一以知十"。　② 曾子：孔子弟子。姓曾名参，字子舆。相传他为思孟学派的鼻祖，在孔子以后的儒经传授上有重要地位。　③ 吾道一以贯之：出自《论语·里仁》。"一以贯之"，为孔子认识论、方法论的命题，谓以统一的原则把所有知识都贯穿起来。　④ 圣人指以语之：朱熹对孔子的理解，是从自身思想体系出发的。他以"理一分殊"去解释"一以贯之"，不合孔子原意。

天地中间，上是天，下是地，中间有许多日月星辰，山川草木，人物禽兽，此皆形而下之器也。然这形而下之器之中，便各自有个道理，此便是形而上之道。所谓格物，便是要就这形而下之器，穷得那形而上之道理而已，如何便将这形而下之器作形而上之道理得！饥而食，渴而饮，"日出而作，日入而息"，其所以饮食作

息者，皆道之所在也。若便谓饮食作息者是道，则不可。（卷六二）

自下推而上去，五行只是二气，二气又只是一理。自上推而下来，只是此一个理，万物分之以为体，万物之中又各具一理。所谓"乾道变化，各正性命"①，然总又只是一个理。此理处处皆浑沦，如一粒粟生为苗，苗便生花，花便结实，又成粟，还复本形。一穗有百粒，每粒个个完全，又将这百粒去种，又各成百粒。生生只管不已，初间只是这一粒分去。物物各有理，总只是一个理。（卷九四）

① "乾道"句：出自《乾卦·象传》。乾道即天道，由于天道中阴阳二气的变化，才赋予了万物各自纯正而又不相杂的属性。

万物皆出此理，理皆同出一原，但所居地

位不同,则其理之用不一。如为君须仁,为臣须敬,为子须孝,为父须慈。物物各具此理,物物各异其用,然莫非一理之流行也。(卷一八)

问:"万物粲然,还同不同?"曰:"理只是这一个。道理则同,其分不同。君臣有君臣之理,父子有父子之理。"

理者有条理,仁义理智皆有之。

问:"既是一理,又谓五常,何也?"曰:"谓之一理亦可,五理亦可。以一包之则一,分之则五。"问分为五之序。曰:"浑然不可分。"

只是这个理,分做四段,又分做八段,又细碎分将去。

理,只是一个理。理举着,全无欠阙。且如言着仁,则都在仁上;言着诚,则都在诚上;言着忠恕,则都在忠恕上;言着忠信,则都在忠信上。只为只是这个道理,自然血脉贯通。

理是有条理,有文路子。文路子当从那里去,自家也从那里去;文路子不从那里去,自家也不从那里去。须寻文路子在何处,只挨着理了行。

"理如一把线相似,有条理,如这竹篮子相似。"指其上行篾曰:"一条子恁地去。"又别指一条曰:"一条子恁地去。又如竹木之文理相似,直是一般理,横是一般理。有心,便存得许多理。"(卷六)

问:"去岁闻先生曰:'只是一个道理,其分不同。'所谓分者,莫只是一理而其用不同,如君之仁,臣之敬,子之孝,父之慈,与国人交之信之类也?"曰:"其体已略有不同,君臣、父子、国人是体;仁、敬、慈、孝与信是用。"问:"体用皆异[①]?"曰:"如这片板,只是一个道理,这一路子恁地去,那一路子恁地去。如一所屋,只是一个道理，有厅，有堂。如草木，只是一个道理，有桃，有李。如这众人，只是一个道理，有张三，有李四，李四不可为张三，张三不可为李四。如阴阳，《西铭》^②言理一分殊，亦是如此。"又曰："分得愈见不同，愈见得理大。"（卷六）

① 体用皆异：指体与用的不同。体用是中国古代哲学的一对范畴，体指形体、形质、实体，用指功能、作用、属性。体用还有另一种含义，体指本体、本质，用指现象。 ②《西铭》：北宋张载著。原为《正蒙·乾称篇》的一部分。张载于学堂双牖各录《乾称篇》一部分，左书《砭愚》，右书《订顽》。后程颐把《砭愚》改为《东铭》，《订顽》改为《西铭》。

《西铭》大纲是理一而分自尔殊。然有二说：自天地言之，其中固自有分别；自万殊观之，其中亦自有分别。不可认是一理了，只滚作一看，这里各自有等级差别。且如人之一家,自有等级之别。所以乾则称父,坤则称母^①,不可弃了自家父母,却把乾坤做自家父母看。且如"民吾同胞",与自家兄弟同胞,又自别。(卷九八)

① 乾则称父,坤则称母:张载在《西铭》中提出"民吾同胞,物吾与也"的命题,认为人和万物同属一气所生,故"乾称父,坤称母"。

《西铭》通体是一个"理一分殊",一句是一个"理一分殊",只先看"乾称父"三字。

或问《西铭》"理一分殊"。曰:"今人说,只说得中间五六句'理一分殊'。据某看时,'乾称父,坤称母',直至'存吾顺事,没吾宁也'^①,句句是'理一分殊'。唤做'乾称'、'坤称',便是分殊。如云'知化则善述其事',是我述其事;'穷神则善继其志'^②,是我继其志。又如'存吾顺事,没吾宁也'。以自家父母言之,生当顺事之,死当安宁之;以天地言这,生当顺事而无所违拂,死则安宁也;此皆是分殊处。逐句浑沦看,便是理一;当中横截断看,便见分殊。"(卷九八)

① "存吾"句:为《西铭》的最后两句话。意谓人活着的时候,恭顺地尽天地之孝子的义务,死了就安宁地休息。
② "知化"与"穷神"句:均出自《西铭》,意谓能够"穷神"、"知化",就能继承天的意志,成就天的事业。这样的人,就是天的孝子。

言理一而不言分殊,则为墨氏兼爱①;言分殊而不言理一,则为杨氏为我②。所以言分殊者,而见理一底自在那里;言理一,分殊底亦在,不相夹杂。(卷九八)

① 墨氏兼爱:指墨子的兼爱学说。墨子(约前468—前376),战国初思想家、政治家。姓墨名翟,鲁国人。为学宗旨

与儒家形成鲜明的对比,反对儒家爱有差等的主张,提出很有特色的兼爱说,主张"兼相爱,交相利"(《墨子·兼爱下》)。强调人与人之间,应该有着普遍的相爱。这是一种双向、互动的爱。其前提是从自己爱别人开始,然后能得到别人同样的爱。这样对双方均有好处,故"兼相爱"与"交相利"是合为一体的。墨子以为,这是解决战国时代社会矛盾的良策。孟子对墨子持激烈的反对态度:"墨子兼爱,是无父也。"(《孟子·滕文公下》) ② 杨氏为我:指先秦时杨朱的主张。杨朱,又称杨子、阳子居、阳生,战国初期道家,魏国人,善辩,主张"贵生"、"重己",哪怕拔掉身上的一根毛,去做有利于天下的事情,也是不愿意的。其中心思想是倡导"为我"。其说在战国一度流行,孟子对杨朱也持激烈的批判态度:"杨朱为我,是无君也。"(《孟子·滕文公下》)

陈仲蔚因问:"龟山①说:'知其理一,所以为仁;知其分殊,所以为义。'仁便是体? 义便是用否?"曰:"仁只是流出来底,义是合当做底。如水,流动处是仁;流为江河,汇为池沼,便是义。如恻隐之心便是仁;爱父母,爱兄弟,爱乡党,爱朋友故旧,有许多等差,便是义。且如敬,只是一个敬;到敬君,敬长,敬贤,便有许多般样。礼也是如此。如天子七庙,诸侯五庙,这个便是礼;其或七或五之不同,便是义。礼是理之节文,义便是义事之所宜处。吕与叔②说'天命之谓性'③云:'自斩而缌④,丧服异等,而九族⑤之情无所憾;自王公至皂隶,仪章异制,而上下之分莫敢争,自是天性合如此。'且如一堂有十房父子,到得父各慈其子,子各孝其父,而人不嫌者,自是合如此也。其慈,其孝,这便是仁;各亲其亲,各子其子,这便是义。这个物事分不得,流出来便是仁;仁打一动,义礼智便随在这里了。不是要仁使时,义却留在后面,少间放出来。其实只是一个道理,论著界分,便有许多分别。"(卷一一六)

① 龟山：指杨时。杨时（1053—1135），字中立，晚年隐居福建龟山，人称龟山先生。南剑州将乐（今属福建）人。北宋理学家。学于二程，思想近于程颐。与游酢、吕大临、谢良佐并称程门四大弟子。著作有《龟山文集》。　②吕与叔：指吕大临。吕大临（约1042—约1090），蓝田（今属陕西）人。北宋理学家。先学于张载，后从二程。　③天命之谓性：语出《大学》。意谓上天把天理教会给人，形成仁义礼智信的美德，就叫性。　④斩：斩衰，古代五种丧服（斩衰、齐衰、大功、小功、缌麻）中最重的一种。用粗麻布制成，左右和下边不缝。缌：缌麻，五种丧服中最轻的一种，用疏织细麻布制成。　⑤九族：指本身加上以上的父、祖、曾祖、高祖和以下的子、孙、曾孙、玄孙。古代立宗法，定丧服，皆以此为准。

"利物足以和义"①。凡说义，各有分别。如君臣父子夫妇兄弟之义，自不同，似不和。然而各正其分，各得其理，便是顺利，便是和处。事物莫不皆然。

问"利物足以和义"。曰："义便有分别。

当其分别之时,觉得来不和。及其分别得各得其所,便物物皆利,却是和其义。如天之生物,物物有个分别,如'君君臣臣父父子子'②。至君得其所以为君,臣得其所以为臣,父得其所以父,子得为其所以为子,各得其利,便是和。若臣处君位,君处臣位,安得和乎!"(卷六八)

① 利物足以和义:语出《乾卦·文言》。意谓阴阳相和,从而使万物生长各各其宜,君子有利物之心,就足以处事得宜而合乎义。 ② 君君臣臣父父子子:出自《论语·颜渊》:"齐景公问政于孔子。子对曰:'君君,臣臣,父父,子子。'"意谓国君、臣子、父亲、儿子,都有它们各自应该遵循的规矩。

如"男正位乎外,女正位于内"①,直是有内外之辨。君尊于上,臣恭于下,尊卑大小,截然不可犯,似若不和之甚。然能使之各得其宜,则其和也孰大于是!至于天地万物无不得其所,亦只是利之和尔。(卷六八)

①"男正"句：语出《家人卦·象传》。意谓一个家庭中，女性应尽其在家主持家务之职责，男性在外参与社会活动是其本分，男外女内是男女职责分工的根本道理，这样男女双方的位置才各得其正。

朱熹的"理一分殊"，是个不太好弄清楚的问题，但却是理解朱熹思想的关键。学生问他："万物各具一理，而万理同出一源，此所以可推而无不通也。"朱熹作了回答：

> 近而一身之中，远而八荒之外，微而一草一木之众，莫不各具此理。如此四人在坐，各有这个道理，某不用假借于公，公不用求于某；仲思与廷秀亦不用自相假借，然虽各自有一个理，又却同出于一个理尔。……释氏云："一月普现一切水，一切水月一月摄。"这是那释氏也窥见得这些道理。(卷一八)

朱熹论"理一分殊"有一个特点，那就是喜欢用佛家语言来说明。朱熹常用的"月印万川"的比喻,就是出自佛教。天上只有一个月亮(理一),印在江湖河川里又各有一个月亮(分殊)。所有江湖河川中的月亮,都是天上那个月亮照下来的。月亮的影子可以有千变万化,但其根本只是一个理(天上的月亮)。江湖河川中的月亮千差万别(分殊),但不是对天上月亮的分割。江湖河川中千差万别的月亮,是全体享有了天上的月亮。这叫"一月普现一切水,一切水月一月摄"。这句话是禅宗创始人慧能的弟子玄觉说的。朱熹借用"月印万川"的比喻,是为了使学生相信他的"理一分殊"说,即"一身之中"与"一草一木之众","莫不各具此理",而"虽各自有一个理,又却同出于一个理"。朱熹还常常以水、火等自然现象为例。"如一炉火,四人四面同向此火,火固只一般,然四面各不同。若说我只认晓这是一堆火便了,这便不得,他里面玲珑好处无由见。"(卷一八)这个"一般"的"火",与散向四面的"火",不是一般与特殊的关系。在朱熹心目中,"理"完美无缺,是不能分割的。"各自一个理"(分殊),只能是"同一个理"

(理一)在各个事物中的完整的体现。

朱熹在讨论"一理"与"万理"、"万物"的关系时所主张的"理一分殊"说,是吸取了佛教思想的结果。华严宗和禅宗,都提出过"一多"范畴,并且论证了"一多相摄"的关系。常人以为"一"与"多"是有区别的,但华严宗从佛教的"缘起"说论证"一"与"多"的不可分离,得出了"一多相摄相函"的结论来。"缘起"说的要点是,一切事物均处于因果联系中,依一定条件生起变化。佛教以此来解释世界、社会、人生以及各种精神现象产生的根源。华严宗论证了"一多相摄",是为了说明佛性无所不在、无处不有而同时又不可分的道理。后来禅宗的"月印万川"之比喻,也是来说明既是同一个又是不可分异的佛的法身是无处无时不在的。佛教在晚唐、五代以后,华严宗与禅宗相互渗透,故华严宗的"一多相摄"之说为禅宗所接受。

朱熹与禅宗的关系极深,起于青年时代而后纵贯其一生。这里有家学上的渊源,也有个人师事禅僧的经历,更多的是观念、方法上与禅宗有会通之处。朱熹父

亲朱松,晚年究心禅典。岳父刘勉之、朱熹师事最久的胡宪,均信禅门参悟之说。朱熹自己承认:

> 某旧时亦要无所不学,禅、道、文章、《楚辞》、诗、兵法,事事要学。(卷一○四)

在读佛经上,朱熹作了两大册的心得笔记。正是对佛教经典的潜心阅读,使他走上了师事道谦之路。道谦为当时禅学主流之一"看话禅"的代表人物。朱熹对道谦感情深厚,这在《祭开善禅文》中有记载:"师亦喜我,为说禅病。我亦感师,恨不速证。"朱熹思想体系的形成,是融会儒释的产物,其本体论、心性论、认识论均有吸取佛教之处。他的启蒙导师刘子翚,对他自少接受禅学的影响也是很大的。朱熹自己明言,在十五六岁时,"某也理会得个昭昭灵灵底禅"(卷一○四)。显然,朱熹对禅理的了解是透彻的。一个人大凡在年轻时印入了脑海深处的东西,经常会在往后的岁月中显现出来。朱熹在教育学生时,常在不经意中流露出对禅宗的赞扬之情。

此为朱熹用"月印万川"这样的自然现象来类比印证"理一分殊"的文化背景。"月印万川"的现象是客观存在的,但以此来说明"理一分殊",则完全是一种形而上的思辨,纯属理论上的虚构。

从理学发展的角度看,朱熹的"理一分殊",是接着周敦颐、张载、二程讲的,并作了阶段性的总结。

朱熹一生对研读周敦颐著作投入的时间之长、精力之多,绝对不亚于对"四书"的投入。他二十几岁读《通书》,初读时茫然不知内中讲些什么内容,后来随着学识的长进才有所领会。前后差不多有近四十年时间,朱熹没有中止过对周敦颐著作的研究。这包括厘定书目、校勘文字及注释文本。周敦颐没有明说"理一分殊",而他"一实万分"的主张却是开了"理一分殊"先声的。周敦颐是理学的开山祖,他的著作少得可怜,然对后世的影响非常深远。在宋代理学家那里,凡是周敦颐提出来的命题、范畴、观点,都是非常受重视的。因为周敦颐的著作涉及面很广,却无细致的论述。周敦颐语焉不详的部分,理学家都会重去探索一番。这方面朱熹做得最到家,有《通书解》、《太极图解》与《太极图说解》这三篇言简意赅的注释文本面世,它们是理解朱熹思想的重要文本。周敦颐说:"二气五行,化生万物。五殊二实,二本则一。是万为一,一实万分。万一各正,小大有

周敦颐

定。"(《通书·理性命》)如何由统一的本原,分化为千差万别的物质,周敦颐描绘的是一幅宇宙演化图。"一"是宇宙的本源,由它演化为阴阳("二实"),阴阳再生为五行("五殊"),再由此组成了各具特性的万物。"一"与"万"的关系,是指本体与万物的关系。万物是本体"一"的表现。本体体现在万物中,即"是万为一,一实万分"。从宇宙本体论讲,周敦颐的"一",即朱熹说的"理"。这成为后来"理一分殊"的

直接来源。

朱熹对周敦颐的理论作了诠释：

> 二气五行，天之所以赋予万物而生之者也。自其末以缘本，则五行之异，本二气之实，二气之实，又本一理之极。是合万物而言之，为一太极而已也。自其本而之末，则一理之实，而万物分之以为体。故万物之中，各有一太极，而小大之物，莫不各有一定之分也。（《通书解·理性命章》）

这段话是对周敦颐"一实万分"的继承与发挥。对此可从三个方面来分析：一，从"用"推到"体"，即"自其末以缘本"，万物归结为五行、阴阳，最后归宿所以为阴阳的"太极"；二，从"体"推到"用"，即"自其本而之末"，万物分有太极以为体；三，"分之以为体"，不是说万物在太极里各取一部分，从而把太极分割了，而是说万物各有一定之分而又同时具有太极的整体，所以说："人人有一太极，物物有一太极。"（卷九四）

二程首次把"天理"作为宇宙本体,建立了理本论。他们非常自豪地说,"天理"这个范畴,是他们自己体会出来的,是有着独特创意的。"天理云者,这一个道理,更有甚穷已,不为尧存,不为桀亡。"(《二程遗书》卷二)二程以为,"天理"作为产生万物的根源,是不为尧这一贤君的存在而存在,也不为桀这一暴君的出现而消亡。换句话说,"天理"是超越时间与空间的永恒存在。朱熹发展了二程的思想,以"天理"为先于天地万物而存在的精神本体,是天地万物的主宰,是万物运动变化的推动者。朱熹以为一事一物各有一"理",而太极则为众"理"的总名。众理与一理的关系,不是整体与部分的关系,而是一理全部享有众理的整体,然而一理又各有它们的特殊性,这就是"分殊"。

要指明的是,张载的《西铭》自北宋以来,一直颇受理学家的推崇,因而也自然为朱熹所看重。《西铭》是张载所作,内中提出的"民胞物与"的思想,对后世的影响很深远。张载以为,人和物同出一源,均为"乾坤"这一父母所生。理应本无阻隔,因而主张爱一切人,爱一切物。其所宣传的是抽象人性论与泛爱主义,本意并非提倡平等,而是维护封建宗法制度。这为朱熹所青睐,故对《西铭》加以注释,使之成为独立的一篇。二程赞赏张载的《西铭》,认为是秦汉以后儒家的上佳之作:"《订顽》之言极纯无杂,秦汉以来学者所未到。"又认为是孟子以降绝无仅有的优秀之作,水平要远远高于韩愈的《原道》:"孟子之后只有《原道》一篇,其间言语固多病,然大要尽近理。若《西铭》则是《原道》之宗祖也。"(《张载集·张子语录》)二程把《西铭》的思想概括为"理一分殊"四个字。这是朱熹把《西铭》的大纲,视为"理一而分殊"的学术渊源所在。

程颐的学生杨时,看了《西铭》后,觉得里面讲了许多泛爱万物的话,与墨子"兼爱"说差不多。对杨时这一见解,程颐作了纠正。在这一纠正之中,程颐正式明确提出了"理一分殊"。此后,"理一分殊"便成了理学的重要范畴。他说:"分殊之蔽,私胜而失仁;无分之罪,兼爱而无义。分立而推理一,以止私胜之流,仁之方也;无别而述兼爱,至于无父之极,义之贼也。"(《二程文集·答可以用时论西铭书》)意思是说,只讲"分殊",就会造成私欲占据上风而失掉"仁";但不讲"分殊",又会出现像墨家"兼爱"的毛病,把"义"丢掉了。

朱熹沿着程颐的思路,也发表了一通议论:

> 言理一而不言分殊,则为墨氏兼爱;言分殊而不言理一,则为杨氏为我。所以言分殊者,而见理一底自在那里;言理一,分殊底亦在,不相夹杂。
>
> (卷九八)

墨家是主张"兼相爱,交相利"的。墨子把当时诸侯、大夫、家族之间互相征伐、倾轧、残杀这种客观的社会矛盾叫做"别"。墨子以为,这是由于人们之间不相爱而引起的,解决的办法是"兼相爱、交相利之法易之"(《墨子·兼爱中》)。"兼相爱"在墨子心目中叫做仁义:"兼则仁矣、义矣。"(《墨子·兼爱下》)儒家强调爱有差等,墨家要求爱一切人。儒家是由"亲亲"进到"仁民"再

"爱万物"的,墨子的"兼爱"是以人与人平等为特征的爱人原则,认为爱人当不分亲疏远近、尊卑大小,做到"爱无差等"(《孟子·滕文公上》)。孟子主张"亲亲而仁民,仁民而爱物"(《孟子·尽心上》),以为君子先爱亲人,因而仁爱百姓。像墨子那样不分区别地讲"兼爱",孟子感到就像心中没有君主一样。这样的人,在孟子看来同禽兽没有多大差别。朱熹没有像孟子那样激烈,而是从思辨的角度来辩驳,认为如果同意了墨子的兼爱,也就是只讲"理一"而否定了"分殊"。因为墨子是不讲区别的,而"分殊"强调的是每一事物均有它的"理"。孟子把主张"为我"的杨朱,视为没有父亲的禽兽。朱熹觉得,如果依照杨朱"拔一毛利天下而不为"的这种贵生态度,就必定会造成只讲"分殊"而否定"理一"的格局。"理一"与"分殊"在朱熹的心目中,是应该有机地统一的,不能只顾"理一"而否定"分殊",也不能只讲"分殊"而无视"理一"。

朱熹与二程对"理一分殊"的理解,存在较大的差异。二程把"理一"与"分殊"放在平行的地位,朱熹则在注重"理一"与"分殊"统一的基础上,更侧重于"分殊"。二程对"理一分殊"有许多的论述,但侧重于"理一"。朱熹比二程更多地考察了"分殊"这一面,所谓"圣人未尝言理一,多只言分殊"、"不知万殊中各有一理,而徒言理一,不知理一去何处?"(卷二七)这里朱熹是借用了圣人的权威来表明自己的观点。朱熹说:"论万物之一源,则理同而气异;观万物之异体,则气犹相近而理绝不同也。"(《朱文公文集》卷四六《答黄商伯》)朱熹以为,不仅人与人之"理"绝不相同,而且人与物之"理",禽兽、草木、厅堂之"理"也截然不同:

> 天地中间,上是天,下是地,中间有许多日月星辰,山川草木,人物禽兽,此皆形而下之器也。然这形而下之器之中,便各自有个道理,此便是形而上之道。(卷六二)
>
> 如这片板,只是一个道理,这一路子恁地去,那一路子恁地去。如一所屋,只是一个道理,有厅,有堂。如草木,只是一个道理,有桃,有李。如这众

> 人，只是一个道理，有张三，有李四，李四不可为张三，张三不可为李四。如阴阳，《西铭》言理一分殊，亦是如此。（卷六）

如此说"理一分殊"，把天地分为万物，整体分成部分，类属分为种和分为个体。"理一分殊"把这一切都囊括在内了。不仅宇宙中的万物"各自有个道理"，而且整体的道理在各个部分都有它的特殊性。如屋中的厅与堂，道理不尽相同。如桃树与李树，有各自特殊的道理在内。各个个体，如众人中的张三与李四不能混同，因为都有它特殊的道理在其中。桃李、厅堂、张三与李四的差别，就是"分殊"。

这样侧重于"分殊"方面讲的"理"，就是通常所说的"条理"。"理是有条理，有文路子。文路子当从那里去，自家也从那里去；文路子不从那里去，自家也不从那里去。""理如一把线相似，有条理，如这竹篮子相似。"（卷六）可知"理"本身就有着差异性的内涵，有的"文路子"是直的，有的"文路子"是横的。如同编竹篮子一样,竹子虽是像直线似的,它们的走向是有差别的。

朱熹把"理一分殊"推到人间社会关系中来应用,
是为了论证封建等级秩序的合理性。他说:

> 《西铭》大纲是理一而分自尔殊。然有二说:
> 自天地言之,其中固自有分别;自万殊观之,其中亦
> 自有分别。不可认是一理了,只滚作一看,这里各
> 自有等级差别。且如一家之人,自有等级差别。
> (卷九八)

封建社会讲究的是人与人之间的等级,在名教体系中叫
名分。所谓"分得愈见不同,愈见得理大"(卷六),就是
从这一意义上说的。儒家历来认为,有差别的社会秩
序,才是理想的社会秩序。孔子见鲁国大夫季氏"八佾
舞于庭",发出了"是可忍也,孰不可忍"(《论语·八
佾》)的抗议。因为按照周礼的规定,舞蹈奏乐时八个
人为一行,这一行叫一佾。八佾是八行,八八六十四人
的规模,只有天子才能用。诸侯用六佾,大夫只能用四

佾。季氏是大夫,四佾才是季氏应该用的。孟子提出
"亲亲而仁民",强调的也是人际关系中的差别。荀子
作《礼论》,提出"礼者,贵贱有等,长幼有差"这一主张,
它包含了两方面的内容:一是社会层面上的差异,二是
家族层面上的差异。儒家不认为社会是整齐划一的,认
为人与人之间有着贵贱、上下、尊卑、长幼的差别,才是
正常的社会秩序所在。在一个家族中,族长与长辈的地
位是高高在上的,其与一般家族成员间存在着尊卑、长
幼的差别。朱熹的"且如一家之人,自有等级差别"之
语,就是从这一层面上说的。

至于在社会层面上,更要严格尊卑大小之区别:

> 万物皆出此理,理皆同出一源,但所居地位不
> 同,则理之用不一。如为君须仁,为臣须敬,为子须
> 孝,为父须慈,物物各具此理,物物各异其用,然莫
> 非一理之流行也。(卷一八)
>
> 天之生物,物物有个分别,如"君君、臣臣、父
> 父、子子",至君得其所以为君,臣得其所以为臣,

父得其所以父，子得其所以为子，各得其利，便是和。若臣处君位，君处臣位，安得和乎？（卷六八）

　　男正位乎外，女正位于内，直是有内外之辨。君尊于上，臣恭于下，尊卑大小，截然不可犯，似若不和之甚。然能使之各得其宜，则其和也孰大于是！（卷六八）

同样是"理一"，为什么"理之用不一"呢？朱熹以为，这是各人所处的社会地位不同的缘故。朱熹以为，每个人在社会地位方面贵贱、上下的不同，决定了它们的行为规范的差别。"原"是"理一"，"用"指本体的发育流行。本体只有一个，但其发育流行却是万殊的。由于万物处于不同的地位，本体之"理"发生了不同的作用，因而君、臣要遵循不同的道理。这是从体用关系来说明，只要每一个人安于自己的"分"，即"截然不犯"地"各得其宜"，社会就会处于和谐的状态中。这个"和"是建立在"各有等级差别"上的，除了君臣、父子关系的上尊下卑外，还有男女关系中的男主外、女主内的区别。朱熹无非是要为传统所说的"三纲"的合理与必然,提供一个本体论上的根据。这较董仲舒的"王道之三纲,可求之于天,天不变道亦不变"这种粗陋的天命神学要精细得多。二程对杨时不能正确把握儒家与张载的主张,作了一个"理一分殊"的回应。其实张载在《西铭》中并没有提出"理一分殊"的命题,这完全是程颐的发挥。朱熹接受程颐的观点,并在社会伦理关系方面大大作了发挥。他觉得,《西铭》所言皆为明"理一分殊"之旨,是为封建等级制度与伦常秩序的合理性寻求理论上的依据。

三、存理灭欲

　　"天理"与"人欲"的问题，是道德规范与物质欲望之间的关系问题。"理"就是"天理"，朱熹论述与"人欲"相关内容时，往往用"天理"与之对举，是为了论证"天理"与"人欲"在人身上是不能共存的。"圣贤千言万语，只是教人明天理，灭人欲"，这是朱熹关于"理欲"问题上的宗旨所在。"天理"是"理"在社会伦理领域中的延展，是封建等级制度与纲常伦理的哲理化。"人欲"在朱熹心目中，为要求改善人们生存状态的物质要求。"天理"与"人欲"不能在人身上同时存在，必得一方去战胜另一方，这是朱熹对待"理欲"关系的基本主张。为了论证这一点，"天理"与"人欲"，又被朱熹同公私、善恶、义利挂上了钩。"存天理,灭人欲"是禁欲主义的学说,但不同于西方中世纪的宗教禁欲主义,而是一种道德禁欲主义。在如何禁绝人欲的方法上,朱熹提出了"持敬"与"克己"这两方面的工夫,要求他的学生时刻记在心中。道德禁欲主义是宋明理学,也是朱熹思想中的糟粕所在。朱熹的目的,是要说明"纲常千万年磨灭不得",赋予封建社会的名教以绝对主义的品性。

礼谓之"天理之节文"者,盖天下皆有当然之理。今复礼,便是天理。但此理无形无影,故作此礼文,画出一个天理与人看,教有规矩可以凭据,故谓之"天理之节文"。有君臣,便有事君底节文;有父子,便有事父底节文;夫妇长幼朋友,莫不皆然,其实皆天理也。天理人欲,其间甚微。于其发处,子细①认取那个是天理,那个是人欲。知其为天理,便知其为人欲。(卷四二)

① 子细：仔细。

礼乐者，皆天理自然也①。节文也是天理
自然有底，和乐也是天理自然有底。然这天理
本是一直侗侗下来，圣人就其中立个界限，分
成段子；其本如此，其末亦如此；其外如此，其
里亦如此，但不可差其界限耳。才差其界限，
则便是不合天理。所谓礼乐，只要合得天理之
自然，则无不可行也。（卷八七）

① "礼乐者"句：《礼记·坊记》中说："礼者因人之情而
为之节文，以为民坊者也。"把礼当作防水的堤防，以对人的情
感加以节制，使之符合一定的标准。朱熹以为，礼就是天理，
是自然而然的。

吴问"礼之用，和为贵"①。先生令坐中各
说所见。铢曰："顷以先生所教思之：礼者，天
理节文之自然，人之所当行者。人若知得是合

当行底,自甘心行之,便自不拘迫。不拘迫,所以和,非是外面讨一个和来添也。"曰:"人须是穷理,见得这个道理合当用恁地,我自不得不恁地。如宾主百拜而酒三行,因甚用恁地? 如入公门鞠躬,在位踧踖②,父坐子立,苟不知以臣事君,以子事父,合用为此,终是不解和。譬之今人被些子灯花落手,便须说痛。到灼艾③时,因甚不以为苦? 缘它知得自家病合用灼艾,出于情愿,自不以为痛也。"(卷二二)

①"礼之"句:语出《论语·学而》。意谓礼的作用,以恰到好处为珍贵。 ②踧踖:恭敬的样子。 ③灼艾:艾绒用火烧热后,敷在人身,有治病之疗效。灼,炙烧。艾,草名,又名艾蒿。茎叶有香气,干后制成艾绒可作灸用。

问:"饮食之间,孰为天理,孰为人欲?"曰:"饮食者,天理也;要求美味,人欲也。"有天理自然之安,无人欲陷溺之危。不为物欲所昏,

则浑然天理矣。(卷一三)

"濂溪言'寡欲以至于无'[1],盖恐人以寡欲为便得了,故言不止于寡欲而已,必至于无而后可耳。然无底工夫,则由于能寡欲。到无欲,非圣人不能也。"曰:"然则'欲'字如何?"曰:"不同。此寡欲,则是合不当如此者,如私欲之类。非是饥而欲食,渴而欲饮,则此欲亦岂能无?但亦是合当如此者。"(卷九四)

[1] 濂溪:指周敦颐。寡欲以至于无:出自周敦颐的《养心亭说》。"寡欲"为孟子的主张:"养心莫善于寡欲。"周敦颐受道家思想的影响,主张"无欲"。朱熹以为,"无欲"只是圣人才能达到的境界,普通人是做不到的。

人之一心,天理存,则人欲亡;人欲胜,则天理灭,未有天理人欲夹杂者。学者须要于此体认省察之。

　　大抵人能于天理人欲界分上立得脚往,则尽长进在。(卷一三)

　　天理人欲,无硬定底界,此是两界分上功夫。这边功夫多,那边不到占过来。若这边功夫少,那边必侵过来。

　　人只有个天理人欲,此胜则彼退,彼胜则此退。无中立不进退之理。凡人不进便退也。譬如刘、项相拒于荥阳、成皋间,彼进得一步,则此退一步;此进一步,则彼退一步。初学则要牢札定脚与他捱,捱得一毫去,则逐旋捱将去。此心莫退,终须有胜时。胜时甚气象!(卷一三)

　　学者须是革尽人欲,复尽天理,方始是学。今去读书,要去看取句语相似不相似,便方始是读书。读书须要有志,志不立,便衰。而今只是分别人欲与天理，此长，彼必短；此短，彼必长。未知学问，此心浑为人欲。既知学问，则天理自然发见，而人欲渐渐消去者，固是好矣。然克得一层，又有一层。大者固不可有，而纤微尤要密察。凡一事便有两端：是底即天理之公，非底乃人欲之私。（卷一三）

道者，古今共由之理。如父之慈，子之孝，君仁、臣忠，是一个公共底道理。德便是得此道于身，则为君必仁、为臣必忠之类，皆是自有得于己，方解恁地。尧所以修此道而成尧之德，舜所以修此道而成舜之德，自天地以先，羲皇①以降，都即是这一个道理，且古今未常有异，只是代代有一个人出来做主。做主，便即是得此道理于己，不是尧自是一个道理，舜又是一个道理，文王周公孔子又别是一个道理。（卷一三）

① 羲皇：伏羲氏，古代传说中的部落领袖。相传他始画八卦，教民结网捕鱼，是传说中华夏史前文化的主要开创者。

福建泉州开元寺朱熹手书"正气"木刻匾

仁义根于人心之固有，利心生于物我之相形。人只有一个公私，天下只有一个邪正。将天下正大底道理去处置事，便公；以自家私意去处之，便私。（卷一三）

问："先生说，人心是'形气之私'，形气则是口耳鼻目四肢之属。"曰："固是。"问："如此，则未可便谓之私。"曰："但此数件物事属自

家体段上，便是私有底物；不比道，便公共。故
上面便有个私底根本。且如危，亦未便是不
好，只是有个不好底根本。"（卷六二）

江西之学只是禅①，浙学却专是功利②。
禅学，后来学者摸索，一上无可摸索，自会转
去。若功利，则学者习之，便可见效，此意甚可
忧。（卷一二三）

① 江西之学只是禅：江西之学指陆九渊的心学。陆九渊
是抚州金溪（今属江西）人，又曾讲学于江西贵溪，故朱熹以
"江西之学"称之。陆九渊的心学，受禅宗的影响是很明显的。
② 浙学却专是功利：浙学主张功利论，其代表人物为陈亮与
叶适。陈亮（1143—1194），南宋思想家，字同甫，人称龙川先
生。浙江永康人，永康学派的代表人物。他一生坎坷，年轻时
读书谈兵，倡言改革，力主抗金，独好王霸大略，兵机利害。治
学讲求事功，仰慕功绩大扬于天下的英伟之士。著作今人编
为《陈亮集》。叶适（1150—1223），南宋思想家，字正则。温州

永嘉(今属浙江)人,人称水心先生。他重功利之学,认为义不可离利,强调人的思想必须符合客观实际。著作今人编为《叶适集》。

大雅云:"前辈多云,道心是天性之心,人心是人欲之心①。今如此交互取之,当否?"曰:"既是人心如此不好,则须绝灭此身,而后道心始明。且舜何不先说道心,后说人心?"大雅云:"如此,则人心生于血气,道心生于天理;人心可以为善,可以为不善,而道心则全是天理矣。"曰:"人心是此身有知觉,有嗜欲者,如所谓'我欲仁'、'从心所欲'、'性之欲也,感于物而动'②,此岂能无!但为物诱而至于陷溺,则为害尔。故圣人则以为此人心,有知觉嗜欲,然无所主宰,则流而忘反,不可据以为安,故曰危。道心则是义理之心,可以为人心之主宰,而人心据以为准者也。"(卷六二)

①人心、道心：出自伪《古文尚书·大禹谟》："人心惟危,道心惟微,惟精惟一,允执厥中。""人心"指和各种物欲相联系之心,有很大的危害性;"道心"指合乎封建道德准则之心,是同"天理"相吻合的。朱熹以为,"道心"是永远支配"人心"的。 ②我欲仁：出自《论语·述而》："仁乎远哉! 我欲仁,斯仁至矣。"意谓仁不是很遥远的,哪个人如想要它,它就会来。从心所欲：出自《论语·为政》："七十而从心所欲。"意谓人到了七十岁,想做什么就做什么,却不违反礼制的规定。性之欲也,感于物而动：语出《礼记·乐记》,意谓人因受外物影响会产生感性欲望。朱熹举这些话,是要说明人的正常生理欲求是不可泯灭的。

临别请益,曰："大要只在'求放心'①。此心流乱,无所收拾,将甚处做管辖处? 其他用工总闲慢,先须就自心上立得定。决定不杂,则自然光明四达,照用有余,凡所谓是非美恶,亦不难辨矣。况天理人欲不两立,须得全在天理上行,方见得人欲消尽。义之与利,不待分辨而明。至若所谓利者,凡有分毫求自利便处皆是,便与克去,不待显著,方谓之利。此心须令纯,纯只在一处,不可令有外事参杂。遇事而发,合道理处,便与果决行去,勿顾虑。若临事见义,方复迟疑,则又非也。"(卷一一三)

① 求放心:出自《孟子·告子上》。孟子说:"学问之道无它,求其放心而已矣。"意谓学问之道没有别的,就是把那善良之心找回来罢了。

学者工夫只是求一个是。天下之理,不过是与非两端而已。从其是则为善,徇其非则为恶。事亲须是孝,不然,则非事亲之道;事君须是忠,不然,则非事君之道。凡事皆用审个是非,择其是而行之。圣人教人,谆谆不已,只是发明此理。(卷一三)

今人多言惟是《复卦》①可以见天地之心,

非也。六十四卦无非天地之心，但于《复卦》忽见一阳来复，故即此而赞之尔。论此者当知有动静之心，有善恶之心，各随事而看。今人乍见孺子将入于井，因发动而见其恻隐之心；未见孺子将入井之时，此心未动，只静而已②。众人物欲昏蔽，便是恶底心，及其复也，然后本然之善心可见。（卷七一）

① 复卦：六十四卦之一。《周易·彖传》："复，其见天地之心也。"复卦䷗由一阳爻与五阴爻组成，其卦象是一阳在下震动，群阴皆顺从之，这一反复指阳刚而言。　② "今人"句：指孟子的善端说。孟子以为，见小孩掉入井里，人人皆有恻隐之心，萌生营救之心。"恻隐之心，仁之善也。"（《孟子·公孙丑上》）孟子提出，人先天具有仁、义、礼、智这四个善端，如同人有手足一样。由此，孟子得出人性皆善的结论。

人之性皆善。然而有生下来善底，有生下来便恶底，此是气禀不同。且如天地之运，万端而无穷,其可见者,日月清明气候和正之时,人生而禀此气,则为清明浑厚之气,须做个好人;若是日月昏暗,寒暑反常,皆是天地之戾气,人若禀此气,则为不好底人,何疑!……若勇猛直前,气禀之偏自消,功夫自成,故不言气禀。看来吾性既善,何故不能为圣贤,却是被这气禀害。如气禀偏于刚,则一向刚暴;偏于柔,则一向柔弱之类。人一向推托道气禀不好,不向前,又不得;一向不察气禀之害,只昏昏地去,又不得。须知气禀之害,要力去用功克治,裁其胜而归于中乃可。(卷四)

孔子所谓"克己复礼"①,《中庸》所谓"致中和","尊德性","道问学"②,《大学》所谓"明明德"③,《书》曰"人心惟危,道心惟微,惟精惟一,允执厥中":圣贤千言万语,只是教人明天理,灭人欲。天理明,自不消讲学。人性本明,如宝珠沉溷水中,明不可见;去了溷水,则宝珠依旧自明。自家若得知是人欲蔽了,便是明处。只是这上便紧紧着力主定,一面格物。今日格一物,明日格一物,正如游兵攻围拔守,人欲自消铄去。(卷一二)

① 克己复礼:出自《论语·颜渊》。"颜渊问仁。子曰:'克己复礼为仁。'"意谓限制和约束自己,使言行合乎礼的规定,就是仁。朱熹用"天理"与"人欲"来解释"礼"与"己",强调抑制情感、欲望等心理与生理需求,以期达到禁欲主义的目的。克己,是朱熹存理灭欲的重要手段之一。 ② 致中和:见于《礼记·中庸》。儒家以中和为天地万物之根本,也是通行天下之达道。中和的主张早就有了,但《礼记·中庸》提出"致中和":"致中和,天地位焉,万物育焉。"意谓达到了不偏不倚的中和境界,天地就运行不息,万物就生生不已。尊德性、道问学:也见于《礼记·中庸》:"故君子尊德性而道问学,致广大而尽精微,极高明而道中庸。""尊德性"、"道问学"意谓君子恭敬奉持天赋的德性,勤学好问而不敢懈怠。 ③ 明

明德：语出《大学》："大学之道，在明明德，在亲民，在止于至善。""明明德"、"亲民"、"止于至善"，是《大学》的"三纲"。自《大学》的地位在宋代提高后，对"三纲"的不同解释，就成了理学家不同特色的所在。朱熹的意思是，人先天具有完美的道德，这叫"明德"。后来因被物欲所昏蔽而是非不明，恶心呈现。朱熹讲"明明德"，就是让人们不因受物欲昏蔽而重新明亮起来。

天下道理自平易简直。人于其间，只是为剖析人欲以复天理，教明白洞达，如此而已。今不于明白处求，却求之于偏旁处，纵得些理，其能几何！（卷一二一）

又曰："学者做切己工夫，要得不差，先须辨义利所在。如思一事，非特财利、利欲，只每处求自家安利处便是，推此便不可入尧舜之道。切须勤勤提省，察之于纤微毫忽之间，不得放过。如此，便不会错用工夫。"（卷一一三）

"敬"字工夫,乃圣门第一义,彻头彻尾,不可顷刻间断。

"敬"之一字,真圣门之纲领,存养之要法。一主乎此,更无内外精粗之间。

敬则万理具在。

敬则天理常明,自然人欲惩窒消治。

人能存得敬,则吾心湛然,天理粲然,无一分着力处,亦无一分不着力处。(卷一二)

诚只是一个实,敬只是一个畏。

妄诞欺诈为不诚,怠惰放肆为不敬,此诚敬之别。(卷五)

学者为学,未问真知与力行,且要收拾此心,令有个顿放处。若收敛都在义理上安顿,无许多胡思乱想,则久久自于物欲上轻,于义理上重。须是教义理心重于物欲,如秤令有低

昂,即见得义理自端的,自有欲罢不能之意,其于物欲,自无暇顾及之矣。(卷一二)

问:"敬通贯动静而言。然静时少,动时多,恐易得挠乱。"曰:"如何都静得! 有事须着应。人在世间,未有无事时节;要无事,除是死也。自早到暮,有许多事。不成说事多挠乱,我且去静坐。敬不是如此。若事至前,而自家却要主静,顽然不应,便是心都死了。无事时敬在里面,有事时敬在事上。有事无事,吾之敬未尝间断也。"(卷一二)

问:"先生适说:'克己复礼,是吃一服药便效。'可以著力下手处,更望力为开发。"曰:"非礼勿视、勿听、勿言、勿动①处,便是克己。盖人只有天理人欲。日间行住坐卧,无不有此二者,但须自当省察。譬如'坐如尸,立如

斋'②,此是天理当如此。若坐欲纵肆,立欲跂
倚,此是人欲了。至如一语一默,一饮一食,尽
是也。其去复礼,只争这些子……"(卷四二)

① 非礼勿视、勿听、勿言、勿动:语出《论语·颜渊》:"子
曰:'非礼勿视,非礼勿听,非礼勿言,非礼勿动。'"意谓要求
自觉地用礼来约束自己的视、听、言、动。 ②"坐如"句:出
自《礼记·曲礼》。《曲礼》"斋"作"齐","齐"通"斋"。意谓
坐着要像尸居神位那样矜庄,站着要像斋戒那样恭敬。

问:"私欲难克,奈何?"曰:"'为仁由己,
而由人乎哉!'所谓'克己复礼为仁'者,正如
以刀切物,那刀子乃我本自有之器物,何用更
借别人底?若认我一己为刀子而克之,则私欲
去而天理见矣。"(卷一一九)

须就自家身上实见得私欲萌动时如何,天
理发见时如何,其间正有好用工夫处。盖天理

在人,亘万古而不泯;任其如何蔽锢,而天理常自若,无时不自私意中发出,但人不自觉。正如明珠大贝,混杂沙砾中,零零星星逐时出来。但只于这个道理发见处,当下认取,簇合零星,渐成片段。到得自家好底意思日长月益,则天理自然纯固;向之所谓私欲者,自然消靡退散,久之不复萌动矣。若专务克治私欲,而不能充长善端,则吾心所谓私欲者日相斗敌,纵一时按伏得下,又当复作矣。初不道隔去私意后,别寻一个道理主执而行;才如此,又只是自家私意。只如一件事,见得如此为是,如此为非,便从是处行将去,不可只恁休。误了一事,必须知悔,只这知悔处便是天理。(卷一一七)

叔蒙问十世所因损益。曰:"纲常千万年磨灭不得。只是盛衰消长之势,自不可已,盛了又衰,衰了又盛,其势如此。圣人出来,亦只

是就这上损其余,益其不足。圣人做得来自是
恰好,不到有悔憾处。三代以下做来不恰好,
定有悔憾。虽做得不尽善,要亦是损益前人
底。虽是人谋,然大势不得不出此。但这纲常
自要坏灭不得,世间自是有父子,有上下。羔
羊跪乳,便有父子;蝼蚁疑属,便有君臣;或居
先,或居后,便有兄弟;犬马牛羊成群连队,便
有朋友。始皇为父,胡亥为子,扶苏为兄,胡亥
为弟,这个也泯灭不得。"(卷一三)

先说"天理"的具体内涵。朱熹说的"天理"就是理
气关系中所说的"理",其内容相当广泛,大体而言有四
个方面:

第一,"天理"为产生天地万物的精神性本体,前面
已说了。

第二,"天理"为客观世界里事物中存在的规律、法
则,如朱熹所说:"如阴阳五行,错综不失条绪,便是
理。"(卷一)麻、稻、麦等农作物,什么时候种,什么时候

收;土地有好坏,肥力有厚薄,这块土地宜种什么作物,那块土地宜种什么作物,"亦皆有理"(卷一八)。

第三,"天理"是封建宗法等级制度以及与此相应的道德规范。

> 所谓天理,复是何物?仁、义、礼、智岂不是天理?君臣、父子、兄弟、夫妇、朋友岂不是天理?(《朱文公文集》卷五九《答吴斗南》)
>
> 礼谓之"天理之节文"者,盖天下皆有当然之理。今复礼,便是天理。但此理无形无影,故作此礼文,画出一个天理与人看,教有规矩可以凭证,故谓之"天理之节文"。有君臣,便有事君底节文;有父子,便有事父底节文;夫妇长幼朋友,莫不皆然,其实皆天理也。天理人欲,其间甚微。于其发处,子细认取那个是天理,那个是人欲。知其为天理,便知其为人欲。(卷四二)

朱熹把"天理"与礼视为同一,实际上是给传统的礼作本体论的证明。"天理"是"无形无影"的,人何以得知呢? 人可以从礼的许多具体规定上知晓。如君仁、臣忠、父慈、子孝等等。这里我们看一下传统意义上的礼是什么。"非礼无以辨君臣、上下、长幼之位,非礼无以别男女、父子、兄弟之亲,昏姻、疏数之交也。"(《礼记·哀公问》)从这一经典性的定义中,礼所强调的是,区分人们在社会中所处的"位",辨明人们在家族中与他人的"别"。前者就是人与人在社会层面上的差异,后者是讲人与人在家族层面上的不同。《礼记》一书,对君臣上下、父子兄弟、宦学事师、莅官行法、祷祠祭祀、婚姻丧葬等礼节仪式,作了具体而细微的规定,成为封建社会奉行礼制的经典依据。它涵盖了封建政治制度、道德规范与生活方式的全部内容,即朱熹所说的"礼文"、"事君之节文"、"事父之节文",也就是朱熹极力要维护的、"千万年磨灭不得"的纲常名教(卷三)。自西汉儒家作为正统思想被确立以后,礼一般被理解有广、狭二义。广义的是指国家政治制度和伦理道德。在政治伦理一体化的中国封建社会里,纲常名教、礼教往往是广义的礼的习用语。这里有封建等级制度和政治原则,也有以忠孝为核心的道德原则,与以仁、义、礼、智、信为具体德目的道德规范。但前者往往藉助于后者而得到体现。朱熹强调道德为礼制的根本。朱熹说:"愚谓政者,为治之具,刑者,辅治之法。德礼则所以出治之本,而德又为礼之本也。"(《论语集注·为政章》)"德礼"即广义的礼。"德"为道德原则与各种规范,"礼"为体现等级制度和政治原则的封建礼制。两者相较,"德又为礼之本"。这是朱熹对儒家政治伦理一体化主张的说明。狭义的礼仅指仪式,如冠(成年礼)、婚、丧、祭、宴等礼及其他交往仪式。朱熹常用的礼、礼义、礼教、纲常等概念,比较多的是从道德意义上使用的,但又包含了等级制度和政治原则在内。

第四,"天理"就是人的本性,是至善无恶的。"性即天理,未有不善者也"(卷一二),"性只是理"(卷四)。朱熹以为,程颐提出的"性即是理"这一主张,是孔孟以后没有人提出来的,是他自己的创见,是一个颠扑不破的真知灼见。关于这方面的详细内容,在"性即是理"这一节中讲。

综上所述,"天理"在朱熹心目中是派生宇宙万事万物的超时空的本体,为封建等级制度和伦常秩序的哲理化形态,是他的人性学说的本体论依据。

再说"人欲"。朱熹对"欲"与"人欲"有过区别:

> 饮食者,天理也;要求美味,人欲也。(卷一三)

朱熹以"欲"为人们维持生存的基本物质欲望,为人的生理性正常需求,应该满足。这是无可指责的。问题在于他对"人欲"的态度就不同了,认为那是对"欲"的锦上添花的需求。比如,嘴巴干了喝白开水,肚子饿了吃大饼,这属于"欲"的范围;不喝白开水而想喝龙井茶,不吃大饼而想吃一顿丰盛的宴席,那就是"人欲"了。朱熹对"欲"与"人欲"所作的区别,透露出这么一个意图,即人们任何要求进一步改善生活状况、提高物质水平的要求,都是要坚决否定的。就欲望的本身说,拓展性是它的固有特性。当获取更多的满足变得可能与方便的话,人的欲望也必然会相应增大,这表现在物质要求的数量上与在精神满足的质量上。欲望一旦变大后,就再也不会缩小,欲壑难填这一成语是对欲望延展性的最好说明。朱熹对人的活生生的欲望全部否定,那也不符合客观实际。朱熹区分"欲"与"人欲",是同人的欲望的本性背道而驰的,这是导致他走向禁欲主义的内在缘由。

从理论上说,欲望产生于人的需要。活生生的人都是有欲望的,欲望是人对物质利益或精神生活的一种渴求,是人性的一个体现。不同时代,不同阶层,甚至每一个人在不同的时间和场合,都会有不同的感受与认识。在阶级社会里,一些人的欲望可以得到最大限度的满足,另一些人的欲望则被限制在非常狭小的范围里。在封建社会里,人的欲望的满足从来就没有平等过。君主至尊无上的观念和封建等级制度,使君主欲望呈现出无节制的膨胀。各级官僚们,则利用手中的特权来扩张自己的欲望。他们不仅有制度上的保证,而且维护封建等级制度的思想家们,也帮助罗织出种种学说来,宣扬民众的欲望应当缩小乃至于绝灭。已故著名学者邱汉生在《四书集注研究》一书中说,两宋之际钟相、杨么领导的农民起义,已提出"等贵贱,均贫富"的口号了。对这一政治上要求平等、经济上要求均分的愿望,洞庭湖周围的民众,"人皆乐而附之,以为天理当然"。这是农民为了进一步改善自己的生存状况而提出的合理要求,是统治阶级所不愿意见到的事情。为了加强思想统治,抑制农民所希冀的"天理",代表统治阶级利益的二程,提出了地主阶级所需要的"天理"。之后,朱熹化四十年精力而撰成的《四书集注》,从各个方面论证了天理论的合理性。朱熹的禁欲主义,确实有针对农民而发的一面,有维护封建统治的政治目的在内。

朱熹在理欲之辨上的基本态度是,视"天理"与"人欲"为截然对立:

> 人之一心,天理存,则人欲亡;人欲胜,则天理灭,未有天理人欲夹杂者。(卷一三)
>
> 人只有个天理人欲,此胜则彼退,彼胜则此退。

> 无中立不进退之理。凡人不进便退也。譬如刘、项
> 相拒于荥阳、成皋间,彼进得一步,则此退一步;此
> 进一步,则彼退一步。(卷一三)

"天理"与"人欲"不可能在人性、人心中共同存在,一定得此消彼长,彼消此长,必得一方克服另一方不可。就像历史上的刘邦与项羽,在荥阳、成皋之间那场楚汉争霸的战争一样,非要有个胜败不可。就是做学问,也有个"天理"与"人欲"之间无声的战斗。"未知学问,此心浑为人欲。既知学问,则天理自然发见,而人欲渐渐消去者,固是好矣。"按照朱熹的逻辑,"学者须是革尽人欲,复尽天理,方始是学"(卷一三)。

为了论证"天理"是美轮美奂的,"人欲"是丑恶无比的,朱熹还把"天理"与"人欲"同善恶、公私、义利之辨联系在一起。在朱熹看来,"天理"与"人欲"是等同于善恶的。朱熹说:

> 善恶二字,便是天理人欲之实体。(《朱文公文

集》卷五三《答胡季随》)

> 众人物欲昏蔽,便是恶底心,及其复也,然后本
> 然之善心可见。(卷七一)

善与恶,是对德行与非德行的区分,是对立的概念。人
们通过善的概念反映自己最普遍的利益、意向、心愿和
对理想的憧憬,借助于善恶的概念来评价他们周围发生
的一切社会现象和人的行为与精神所具有的价值。善
与恶的区分,是出于一种道德价值观的要求。朱熹对善
恶的界定与区分,主要是从"理欲"关系上来说明的。
为"物欲"所"昏蔽"的"众人",所怀的是"恶底心",与
他主张的"革尽人欲,复尽天理"要求是背道而驰的。
"天理"是"本然之善心",如何克服人性中的"恶底
心",办法就在变化人的气质,由此朱熹提出了"复性"
说。目的是通过禁绝"人欲"的手段,克服有善有恶的
气质之性,趋向于无有不善的天理之性。

朱熹告诉人们,"天理"与"人欲"还有着义(公)与
利(私)的差别:

盖天理者，此心之本然，循之则其心公且正。
（《朱文公文集》卷一三《辛丑延和奏札之二》）

仁义根于人心之固有，利心生于物我之相形。
人只有一个公私，天下只有一个邪正。将天下正大
底道理去处置事，便公；以自家私意去处之，便私。
（卷一三）

从这些材料中可知，朱熹把理欲之辨与义利（公私）之辨挂起钩来了。义利之辨，发端于春秋，至战国时代成为诸子经常讨论的问题，以后又一直贯串于中国哲学史的全部进程。义与利的界说以及义利之辨的实质，归根到底是如何处理个人利益与整体利益的关系，也即公与私的关系。朱熹把义利、公私纳入理欲之辨的轨道是顺理成章的。对义利的看法，规定了人的价值取向或行为方针。他明确指出："义利之说，乃儒者第一义。"（《朱文公文集》卷二四《与延平先生书》）朱熹理欲之辨与义利之辨联系起来是很自然的事情。

儒家历来有重义轻利的传统，而朱熹视功利为危害

人心的最大祸根,他对主张功利论的陈亮、叶适的忧患与骇怕,超过了与他激烈争论过的陆九渊的心学:

> 江西之学只是禅,浙学却专是功利。禅学,后来学者摸索,一上无可摸索,自会转去。若功利,则学者习之,便可见效,此意甚可忧。(卷一二三)

在朱熹看来,掺入了禅理的陆九渊心学,没有什么可怕的。因为学禅常常会出现"一上无可摸索,自会转去"的情况,习禅如不得诀窍就会走火入魔。高举功利论旗帜,以陈亮、叶适为代表的浙东学派则不同,它会使收到实际效果的人们深信不疑,不再动摇。朱熹此种心态,既是他自身习禅的实际经验的小结,也是他的道义论本质的最好写照。与叶适相比,陈亮的功利论色彩更浓郁些。他与朱熹因对王霸、义利的不同看法,引起了一场有名的王霸、义利之辨。陈亮纵论上下二千年英雄人物,盛称汉高祖刘邦和唐太宗李世民的功业。陈亮以事功为宗旨的学术宗旨,与朱熹的理学道义论,可谓泾渭分明。两人各持一端，展开了长达十一年的争论："亮以为学者，学为成人；而儒者亦一门户中之大者耳。秘书(朱熹)不教以成人之道，而教以醇儒之道，岂揣其分量则止于此乎？不然，亮犹遗有恨也。"(《陈亮集》卷二〇《又甲辰秋书》)朱熹规劝陈亮以"醇儒"自律，陈亮以为这不符合孔子所说的"成人"。在陈亮心目中，"成人"是才德双行、智勇交出、建功立业的英雄，不是朱熹所讲的"革尽人欲、复尽天理"的"醇儒"。朱熹认为，无论是个人利益或社会利益，都不具有价值取向的意义。陈亮反复强调，为国家与民族建功立业的英雄豪杰，他们的赫赫功绩才具有价值取向的意义。朱陈的王霸义利之辨的实质，是功利论与道义论的对立。从理论思维来说，朱熹的"仁义根于人心之固有"，必定要求人们与外在的客观事物与经验世界毫无瓜葛。源于"物我之相形"的"利心"，在朱熹心中，是极为可怕的洪水猛兽。"凡事不可先有利心，才说着利，必害于义。圣人做处，只向义边做。"(《朱子语类》卷五一)这充分体现了朱熹的道义论实质。功利论或功利主义，强调以道德领域之

外的经验世界或客观事实去寻找确定人的价值和行为
的根据。朱熹感到担忧的浙东学派的陈亮与叶适，就是
宋代功利论的代表人物。功利论者的眼光是向外的，着
眼于个人对社会和民族的作为和事功。道义论主张从
道德领域本身去寻求判断人的价值和行为的根据，因而
道义论者是偏于向内用力的。基于这样的认识，朱熹别
出心裁地去解释"利"："凡有分毫求自利便处皆是，便
与克去，不待显著，方谓之利。"（卷一一三）一般地说，
"利"就是利益，从个人角度言，既可理解为对他人有好
处，也可以理解为对自己有好处。凡是"求自利"的，在
朱熹看来，都是与他倡导的道义论相违背的。自觉地下
工夫去克制"求自利"的行为，不让它显露出来，这才是
"利"的真实意义。要做到这一点，就必然会强调向人
的内心用力了。

　　向内用力的目的是"明天理，灭人欲"，其主要途径
是主敬与克己。朱熹说：

　　　敬则天理常明，自然人欲惩窒消治。

　　人能存得敬,则吾心湛然,天理粲然,无一分着力处,亦无一分不着力处。(卷一二)

　　诚只是一个实,敬只是一个畏。(卷五)

主敬、持敬是主体的修养工夫。敬从一般意义上说,是恭敬、尊重;在理学家那里是指自我抑制能力。朱熹在这方面也有论述:"敬只是此心自做主宰处。"(卷一二)从心理因素上说,敬就是畏怕。畏怕什么呢? 畏怕人心为外物所蔽、为人欲所诱。于是行为上就表现出放荡不羁、肆无忌惮,违背礼所规定的"节文",尤其是"事君底节文"(忠)、"事父底节文"(孝)。一个人经常保持持敬的状态,就会收拾自己的心灵,从而达到"天理常明","人欲惩窒消治"的境界。为了使主敬的心态得到保持,朱熹经常要求学生静坐。有的学生问他,敬是贯穿于动静的,但人一生中静的时候少,动的时候多,人心是经常被扰乱的,那如何为好? 朱熹答道:"无事敬在里面,有事敬在事上。"(卷一二)朱熹强调在君臣、父子关系中,一定要臣事君以忠,子事父以孝,"天理"就会高扬。如同一个秤砣似的,"义理心重于物欲",让人们无暇顾及"物欲"(卷一二)。

与主敬相配套,朱熹还提出了克己的工夫。

> 非礼勿视、勿听、勿言、勿动处,便是克己。盖人只有天理人欲。日间行住坐卧,无不有此二者,但须自当省察。譬如"坐如尸,立如齐",此是天理当如此。若坐欲纵肆,立欲跛倚,此是人欲了。至如一语一默,一饮一食,尽是也。(卷一二)

朱熹对学生说,孔子说的"克己复礼",对人来说便像一帖快速效果的良药。这个学生希望朱熹在这方面多讲一些。朱熹以为,人的言行举止,均应按照礼的规定去做。如果坐时不端端正正,站立时倚着椅子,那就是人欲。克己,就是战胜自己身上的人欲,复归于封建礼教的主体修养工夫。"克得一层,又有一层。大者固不可有,而纤微处尤要密察。"在朱熹看来,克己工夫决不是一朝一夕能够完成的,也不是只顾大处而不考虑细小之处的,是要人们持续地、自觉地进行,任何时候也不能放松的。他举了个日常生活中的事例,来说明"明天理、灭人欲"的工夫得遵循自觉的原则:灯花落在手上,会感觉到疼痛,但是在接受治疗时,火烫的艾绒放在身上时,一点儿也不觉得痛。什么原因呢?朱熹说:"缘它知得自家病合用灼艾,出于情愿,自不以为痛也。"(卷二二)朱熹把"天理"、"礼"(封建等级制度与道德原则)说成是当然的事情,是人本性中所固有的,是人道中的终极目标(至善),于是就要求人们自觉地克制疼痛来做"明天理、灭人欲"的工夫。

"天理"与"人欲"并举,最早出现在《礼记·乐记》中。照《礼记》作者之意,"天理"是人生而就有的潜在本性,"人欲"是受外物影响而生的感性欲望。人如果不能很好地自我节制而为外物所迷惑,结果必然是"人化物也,灭天理而穷人欲者也"。它强调的是,人要通过自己的理性来控制自身的欲望,并没有把"天理"与"人欲"对立起来。在历史上,这一问题曾吸引了无数哲人智士的关注,但只是到了两宋时代,"理欲"之辨才超越其他问题而凸显了出来,并使它步入了禁欲主义的圈子。没有一个理学家不对"天理"与"人欲"发表自己看法的,朱熹在这方面可以说是一个集大成者。这种禁欲主义,是不同于西方中世纪禁欲主义的。禁欲主义,是一种要求人们在一定程度和范围内,克制欲望、放弃物质享受以达到宗教理想、社会目标或道德自我完善的学说。它根源于原始社会,是极端贫困的物质生活水平条件下的产物。佛教、耆那教、婆罗门教、基督教等教派,都提倡禁欲主义,尽管它们的手段与目的各有不同。历史上势力最为浩大、时间最为长远的,当为欧洲中世纪基督教的禁欲主义。文艺复兴时代风起云涌的人道主义,就是针对这种宗教禁欲主义而发的。薄伽丘的《十日谈》一书,针对禁欲的神道主义,提出七情六欲是人的本性所在,是任何人为的力量都不能摧毁的。作者以惟妙惟肖的笔触,幽默诙谐的语言,对教士、神父、牧师这些神职人员,口头上讲禁欲实际上行纵欲之实,作了尖锐深刻的揭露。包括朱熹在内的理学家,他们宣扬的禁欲主义,不是为了某种宗教目标,而是以道德自我完善为理想境界的。其与中国传统文化中的政治伦理一体化的特点相吻合,是不同于宗教禁欲主义的另一种类型的道德禁欲主义。朱熹是举着圣人崇拜的旗号来宣扬道德禁欲主义的:"圣贤千言万语,只是教人明天理,灭人欲。"(卷一二)

道德禁欲主义,除了有针对农民要求提高物质生活水平的政治目的外,更主要的是为了维护纲常名教。这是朱熹提倡"明天理,灭人欲"的另一个政治意图。朱熹说:

> 纲常千万年磨灭不得。只是盛衰消长之势,自不可已,盛了又衰,衰了又盛,其势如此。圣人出来,亦只是就这上损其余,益其不足。圣人做得来自是恰好,不到有悔憾处。三代以下做来不恰好,定有悔憾。虽做得不尽善,要亦是损益前人底。虽是人谋,然大势不得不出此。(卷一三)

"纲常千万年磨灭不得",是一种绝对主义的理论。在朱熹之前，这种理论也出现过，那就是董仲舒的"王道之三纲，可求之于天，天不变，道亦不变"（《汉书·董仲舒》）。董仲舒与朱熹相比，他的理论粗糙得很，有着天人感应的神学意味。朱熹就精巧得多，先是赋予"天理"以产生万事万物的精神性本体的性质，然后又界定是先于天地万物之前就存在着的，是万古永恒的。在完成了这一步之后，再对封建礼教作本体论上的论证。"天理"是超越时空的绝对存在，"盖天理在人，亘万古而不泯；任其如何蔽锢，而天理常自若，无时不自私意中发出，但人不自觉"（卷一一七）。与"天理"同义的"礼"所规定的许多"节文"，也就是"亘万古而不泯"、"千万年磨灭不得"的了。虽说古代的圣贤在这方面做得恰到好处，后面的君主做得有些不足，但"大势不得不出于此"。绝对主义是把事物和认识绝对化的形而上学的观点，其主要特点是把绝对与相对完全割裂开来，只认同绝对性，否认相对性。其实任何事物和人的认识，都是相对与绝对的统一，相对之中有绝对，绝对之中有相对。今天人们常说的"与时俱进"，就很简明地说明了绝对与相对的辩证关系。封建礼教所规定的许多东西,在五四新文化运动的冲击下,在中国社会由农业文明走向现代的进程中,已经基本上见不到了。纲常名教,哪能"千万年磨灭不得"!

四、性即是理

　　自先秦开始的关于人性的争论，到明清之际持续了二千多年。其间，由张载、二程提出并为朱熹所完善的人性"二重化"学说逐渐占了上风。这是对先秦两汉人性善恶之争的进一步深化。二程的主观愿望，是要为人性善恶来源找到一

张　载

个圆满的解释。朱熹继承了二程"性即理"的主张,其人性论乃是他的天理论在人性领域的拓展。朱熹还承接了张载与二程"气质之性"与"天地之性"二分的主张,从而使二元化的人性论成为宋代以后的主流。"理与气杂"的气质之性,是有善有恶的;"专指理"的天地之性,是至善无恶的。朱熹以为,由"气禀"而形成的气质之性,是人性善恶的来源。朱熹认定人之所以有圣愚、贤不肖乃至于贫富、贵贱等等差别,都是由于天生的气禀不同所致。"气禀"说令朱熹步入了先天命定论的泥坑之中。出于"存理灭欲"的目的,朱熹设想出了一个后天补救的办法,那就是他反复致意的"复性"说。这一学说强调通过一定的途径,让人心中本来就具有的"天理"得以恢复,而不再受到物欲的蒙蔽。

伊川"性即理也"[①],自孔孟后,无人得见到此,亦是从古无人敢如此道。

伊川"性即理也"四字,颠扑不破,实自己上见得出来。其后诸公只听得便说将去,实不

曾就己上见得,故多有差处。(卷五九)

① 性即理也: 语出《二程遗书》卷二二上。意谓人性就是天理在人身上的体现。

伊川说话,如今看来,中间宁无小小不同? 只是大纲统体说得极善。如"性即理也"一语,直自孔子后惟是伊川说得尽。这一句便是千万世说性之根基! 理是个公共底物事,不解会不善。(卷九三)

问:"看道理,须寻根原来处,只是就性上看否?"曰:"如何?"曰:"天命之性,万理完具;总其大目,则仁义礼智,其中遂分别成许多万善。大纲只如此,然就其中须件件要彻。"曰:"固是如此,又须看性所因是如何?"曰:"当初天地间元有这个浑然道理,人生禀得便是性。"曰:"性

只是理,万理之总名。此理亦只是天地间公共之理,禀得来便为我所有。"(卷一一七)

性则纯是善底。

性是天生成许多道理。

问:"性既无形,复以言理,理又不可见。"曰:"父子有父子之理,君臣有君臣之理。"

性是实理,仁义礼智皆具。(卷五)

问:"气质有昏浊不同,则天命之性有偏全否?"曰:"非有偏全。谓如日月之光,若在露地,则尽见之;若在蔀①屋之下,有所蔽塞,有见与不见。昏浊者是气昏浊了,故自蔽塞,如在蔀屋之下。然在人则蔽塞有可通之理;至于禽兽,亦是此性,只被他形体所拘,生得蔽隔之甚,无可通处。"(卷四)

① 蔀：遮蔽。

道夫问："气质之说，始于何人?"曰："此起于张、程。某以为极有功于圣门，有补于后学，读之使人深有感于张、程，前此未曾有人说到此。如韩退之《原性》①中说三品，说得也是，但不曾分明说是气质之性耳。性那里有三品来! 孟子②说性善，但说得本原处，下面却不曾说得气质之性，所以亦费分疏。诸子③说性恶与善恶混。使张、程之说早出，则这许多说话自不用纷争。故张、程之说立，则诸子之说泯矣。"（卷四）

①《原性》：韩愈所作。韩愈（768—824），字退之。唐文学家、哲学家。韩愈在《原性》中提出"性三品"说，认为与生俱来的人性有三品。上品为善，下品为恶，中品在善恶间上下浮动。朱熹不同意韩愈的"性三品"说，以为韩愈没有讲气质之性，对人性的理解是不正确的。 ② 孟子（约前372—前

289),名轲,邹(今山东邹县)人。战国时期哲学家、政治家、教育家。受业于子思门人,历游齐、宋、魏、滕等国,因主张不见用,晚年退而与弟子万章、公孙丑等著书立说。著作编为《孟子》。主张性善说,以为人性本善,先天具有仁、义、礼、智四种善端。朱熹以为,孟子的性善论虽大的方面没有错,但没有涉及气质之性,还得作些补充才行。　③ 诸子:从上下文看,当指荀子与扬雄。荀子(约前313—前238),名况,赵国(今山西南部)人。曾游学于齐,三为稷下学宫祭酒(学长)。后楚春申君用为兰陵令。春申君死,废居兰陵,著书终其一生。著作有《荀子》。荀子认为孟子不懂人性的真相,反对性善论,首创性恶论,认为人性中不存在辞让、忠信、礼义等道德观念,而是充满了对欲望追求的恶的本性。扬雄(前53—18),西汉哲学家、文学家。提出以“玄”为宇宙万物的根源。在综合孟子性善论与荀子性恶论的基础上,主张人性“善恶混”说,断言修善则为善人,修恶则为恶人。

　　盖性须是个气质,方说得个“性”字。若“人生而静以上”①,只说个天道,下“性”字不得。所以子贡曰:“夫子之言性与天道,不可得而闻也"②,便是如此。所谓"天命之谓性"③者,是就人身中指出这个是天命之性,不杂气禀④者而言尔。若才说性时,则便是夹气禀而言,所以说时,便已不是性也。(卷九五)

①人生而静以上:出自《二程遗书》卷一。意谓个体生命尚未产生之前。 ②"夫子"句:出自《论语·公冶长》。意谓孔子不讨论"性"与"天道"这样抽象的理论问题。 ③天命之谓性:出自《中庸》。意谓人禀受天赋的理叫做性。 ④气禀:人生来对气的禀受。宋代理学家尤其是二程认为,由气禀而形成的人的气质之性,是恶的根源。朱熹完全接受了二程的主张。

性只是理。然无那天气地质,则此理没安顿处。但得气之清明则不蔽锢,此理顺发出来。蔽锢少者,发出来天理胜;蔽锢多者,则私欲胜,便见得本原之性无有不善。孟子所谓性善,周子所谓纯粹至善,程子所谓性之本,与夫

反本穷源之性,是也。只被气质有昏浊,则隔
了,故"气质之性,君子有弗性者焉。学以反
之,则天地之性存矣"①。故说性,须兼气质说
方备。

　　天命之性,若无气质,却无安顿处。且如
一勺水,非有物盛之,则水无归着。程子云:
"论性不论气,不备;论气不论性,不明。二之
则不是。"②所以发明千古圣贤未尽之意,甚为
有功。大抵此理有未分晓处,秦汉以来传记所
载,只是说梦。(卷四)

　　①"气质之性"句:语出张载《正蒙·诚明》。气质之性,
指由于人禀受阴阳二气的不同及身体条件的差别,而形成的
特殊的本性。君子有弗性者焉,意谓君子不将气质之性据为
己有。学以反之,则天地之性存矣,意谓通过学习使人性返回
到天地之性的状态中去。　②"论性"句:见《二程遗书》卷
六。二程以为,孟子的性善说不完备,只注意了天命之性而忽
视了气质之性。如果只强调气质之性,而不论至善的天命之

性,就会使人们对人性的理解不透彻。对人性的正确解释,是要把性与气合在一起加以分析。把性与气分开来说,就有许多不足的地方。二程这一主张,被朱熹全盘接受。

或问"二之则不是"。曰:"若只论性而不论气,则收拾不尽,孟子是也。若只论气而不论性,则不知得那原头,荀、扬以下是也。韩愈也说得好,只是少个'气'字。若只说一个气而不说性,只说性而不说气,则不是。"又曰:"须是去分别得他同中有异,异中有同,始得。其初那理未尝不同。才落到气上,便只是那粗处相同。如饥食渴饮,趋利避害,人能之,禽兽亦能之。若不识个义理,便与他一般也。"(卷五九)

盖本然之性只是至善。然不以气质而论之,则莫知其有昏明开塞、刚柔强弱,故有所不备。徒论气质之性,而不自本原言之,则虽知有昏明开塞、刚柔强弱之不同,而不知至善之源未尝有异,故其论有所不明。须是合性与气观之,然后尽。盖性即气,气即性也。(卷五九)

论天地之性,则专指理言;论气质之性,则以理与气杂而言之。未有此气,已有此性。气有不存,而性却常在。虽其方在气中,然气自是气,性自是性,亦不相夹杂。至论其遍体于物,无处不在,则又不论气之精粗,莫不有是理。(卷四)

有是理而后有是气,有是气则必有是理。但禀气之清者,为圣为贤,如宝珠在清冷水中;禀气之浊者,为愚为不肖,如珠在浊水中。所谓"明明德"者①,是就浊水中揩拭此珠也。物亦有是理,又如宝珠落在至污浊处,然其所禀亦间有些明处,就上面便自不昧。(卷四)

① 明明德：出自《大学》首句："大学之道，在明明德。"前一"明"字为使动词，作"使……显明"解。"明德"，光明的德性。意谓大学的宗旨，就是要把人所固有的善性彰明起来，使之发扬光大。

先生言气质之性，曰："性譬之水，本皆清也。以净器盛之，则清；以不净之器盛之，则臭；以污泥之器盛之，则浊。本然之清，未尝不在。但既臭浊，猝难得便清。故'虽愚必明，虽柔必强'，也煞用气力，然后能至。某尝谓《原性》一篇本好，但言三品处，欠个'气'字，欠个来历处，却成天合下生出三般人相似。《孟子》性善，似也少个'气'字。"（卷四）

问："气出于天否?"曰："性与气皆出于天。性只是理，气则已属于形象。性之善固人所同，气便有不齐处。"因指天气而言："如天气晴明舒豁，便是好底气；禀得这般气，岂不好!

到阴沉黯淡时,便是不好底气;禀得这般气,如何会好!毕竟不好底气常多,好底气常少。以一岁言之,一般天气晴和,不寒不暖,却是好,能有几时如此!看来不是夏寒,便是冬暖;不是愆阳,便是伏阴,所以昏愚凶狠底常多。"

又曰:"人之贫富贵贱寿夭不齐处,都是被气滚乱了,都没理会。有清而薄者,有浊而厚者。颜夭而跖寿①,亦是被气滚乱汩没了。尧舜自禀得清明纯粹底气,又禀得极厚,所以为圣人,居天子之位,又做得许多大事业,又享许大福寿,又有许大名誉。如孔子之圣,亦是禀得清明纯粹。然他是当气之衰,禀得来薄了,但有许多名誉,所以终身栖栖为旅人,又仅得中寿。到颜子,又自没兴了。"(卷五九)

———————

① 颜夭:指颜渊命短。颜渊为孔子所器重的学生,后世被尊为"复圣",但早卒。跖寿:指盗跖寿长。盗跖,春秋末期

人,系人民起义领袖。荀子说他名声如同日月,与尧舜一样流传而不息。但在古代多数人心目中,跖是一个大盗,名声很不好。

> 问:"'天命谓性'之'命',与'死生有命'①之'命'不同,何也?"曰:"'死生有命'之'命'是带气言之,气便有禀得多少厚薄之不同。'天命谓性'之'命',是纯乎理言之。然天之所命,毕竟皆不离乎气。但《中庸》此句,乃是以理言之。孟子谓'性也,有命焉',此'性'是兼气禀食色言之;'命也,有性焉',此'命'是带气言之。②性善又是超出气说。"
> (卷四)

① 死生有命:为孔子学生子夏所说,语出《论语·颜渊》。此"命"指命运。 ② "性也"句:语出《孟子·尽心下》。下文"命也,有性焉"同。孟子以为,口、目、四肢对于美味、美色、舒适的追求,是人的天性,但能否得到却属于命运,不是天性

的必然。仁义在君臣、父子之间，礼在宾主之间，智慧对于贤者，以及天道对于圣人，能够实现与否，属于命运，但也是天性的必然。

又曰："天之所命，固是均一，到气禀处便有不齐。看其禀得来如何。禀得厚，道理也备。尝谓命，譬如朝廷诰敕①；心，譬如官人一般，差去做官；性，譬如职事一般，郡守便有郡守职事，县令便有县令职事。职事只一般，天生人，教人许多道理，便是付人许多职事。气禀，譬如俸给。贵如官高者，贱如官卑者，富如俸厚者，贫如俸薄者，寿如三两年一任又再任者，夭者如不得终任者。朝廷差人做官，便有许多物一齐随。"（卷四）

① 诰：隋唐以后，帝王授官、封赠的命令。敕：帝王的诏令。

问:"富贵有命,如后世鄙夫小人,富尧、舜、三代之世,如何得富贵?"曰:"当尧、舜、三代之世不得富贵,在后世则得富贵,便是命。"曰:"如此,则气禀不一定。"曰:"以此气遇此时,是他命好;不遇此时,便是有所谓资适逢世是也。如长平死者四十万,但遇白起①,便如此。只他相撞着,便是命。"

问:"前日尝说鄙夫富贵事。今云富贵贫贱是前定,如何?"曰:"恁地时节,气亦自别。后世气运渐乖,如古封建,毕竟是好人在上。到春秋乃生许多逆贼。今儒者多叹息封建不行,然行者亦可虑。且如天子,必是天生圣哲为之。后世如秦始皇在上,乃大无道人,如汉高祖,乃崛起田野,此岂不是气运颠倒!"问:"此是天命否?"曰:"是。"

人之禀气,富贵、贵贱、长短,皆有定数寓其中。禀得盛者,其中有许多物事,其来无穷。

亦有盛而短者。若木生于山,取之,或贵而为栋梁,或贱而为厕料,皆其生时所禀气数如此定了。(卷四)

① 白起:秦国将领。他率秦兵在长平一战中击败赵军。赵军将领赵括被射死,赵军四十多万人被俘坑埋。

或问:"明德便是仁义礼智之性否?"曰:"便是"。或问:"所谓仁义礼智是性,明德是主于心而言?"曰:"这个道理在心里光明照彻,无一毫不明。"(卷一四)

为学只在"明明德"一句。君子存之,存此而已;小人去此,去此而已。一念竦然,自觉其非,便是明之之端。(卷一四)

"明明德",如人自云,天之所与我,未尝

昏。只知道不昏，便不昏矣。

"明明德"，是明此明德，只见一点明，便于此明去。正如人醉醒，初间少醒，至于大醒，亦只是一醒。学者贵复其初^①，至于已到地位，则不著个"复"字。（卷一四）

① 复其初：出自《庄子·缮性篇》："文灭质，博溺心，然后民始惑乱，无以返其性情而复其初。"意谓人为的文饰破坏人的自然本质，博学使人的心灵沉溺了，民众开始迷惑，无法返回恬淡的性情而回复到自然的本初。庄子主张自然原则，认为民众应该保持一种本然的状态，不因人为的强制力量而改变。

或以"明明德"譬之磨镜。曰："镜犹磨而后明。若人之明德，则未尝不明。虽其昏蔽之极，而其善端之发，终不可绝。但当于其所发之端，而接续光明之，令其不昧，则其全体大用可以尽明。且如人知己德之不明而欲明之。

只这知其不明而欲明之者,便是明德,就这里便明将去。"(卷一四)

问"明明德"。曰:"人皆有个明处,但为物欲所蔽,剔拨去了。只就明处渐明将去。然须致知、格物,方有进步处,识得本来是甚么物。"

明德未尝息,时时发见于日用之间。如见非义而羞恶,见孺子入井而恻隐,见尊贤而恭敬,见善事而叹慕,皆明德之发见也。如此推之,极多。但当因其所发而推广之。

明德,谓得之于己,至明而不昧者也。如父子则有亲,君臣则有义,夫妇则有别,长幼则有序,朋友则有信,初未尝差也。苟或差焉,则其所得者昏,而非固有之明矣。

人本来皆具此明德,德内便有此仁义礼智四者。只被外物汩没了不明,便都坏了。所以

《大学》之道,必先明此明德。若能学,则能知觉此明德,常自存得,便去刮剔,不为物欲所蔽。推而事父孝,事君忠,推而齐家、治国、平天下,皆只此理。《大学》一书,若理会得这一句,便可迎刃而解。(卷一四)

胡五峰①云:人有不仁,心无不仁,此说极好。人有私欲遮障了,不见这仁,然心中仁依旧只在。如日月本是光明,虽被云遮,光明依旧在里。又如水被泥土塞了,所以水不流。然水性之流依旧只在。(卷一〇一)

① 胡五峰:即胡宏(1105—1161),字仁仲,福建崇安人。南宋学者,因长期寓居衡山五峰(祝融、天柱、芙蓉、紫盖、石廪)之下,故人称五峰先生。曾师事二程学生杨时。著作今人集为《胡宏集》。

问:"或谓'虚灵不昧',是精灵底物事;

'具众理',是精灵中有许多条理;'应万事'①,是那条理发见出来底。"曰:"不消如此解说。但要识得这明德是甚物事,便切身做工夫,去其气禀物欲之蔽。能存得自家个虚灵不昧之心,足以具众理,可以应万事,便是明得自家明德了。若只是解说'虚灵不昧'是如何,'具众理'是如何,'应万事'又是如何,却济得甚事!"(卷一四)

① 虚灵不昧、具众理、应万事:出自朱熹《大学章句》:"明德者,人之所得乎天,而虚灵不昧,以具众理而应万事者也。"意谓人生下来就有天赋的明德,灵明之心本然地具备一切道理,应付万事无不得当。

人性,是指人的自然属性与社会属性的综合,人性研究是对人的本质的研究,这是现在的人们对人性的一致理解。但在中国古代哲学家那里,却围绕着善恶,而对人性问题展开了持久的争论。《论语·阳货》中的

"性相近，习相远"，是中国哲学史上第一个关于人性论的命题。孔子点出了这一命题但语焉不详。中国传统哲学有个有趣的现象，凡是孔子点出而没说清的命题，后人就会不断地去拓展其内涵。性善论是孟子思想体系的出发点，也是他仁政学说的理论依据。荀子不赞同孟子，提出性恶论与之相抗。道家与法家也有各具特色的人性论。先秦诸子对人性论感兴趣，与当时社会发生剧烈变动有关。"社稷无常奉，君臣无常位"的现象，在各个诸侯国里经常出现。为了权力的取得，亲骨肉之间、君臣上下之间、同僚之间，明争暗斗从未停止过。这样，人的思想、才能、德性乃至于缺点（如贪婪、残忍等），都有了充分暴露的机会，从而促使思想家去研究人性这一课题。自两汉以后，关于人性的讨论持续进行着，扬雄主"性善恶混"，董仲舒倡"性三品"说，王充论性则以为有善有恶，韩愈主"性三品"，李翱讲"性善情恶"等等，不管分歧大小如何，基本上都以为人性是一元的。步入宋代以后，这一格局发生了变化。由张载和二程所创立并为朱熹所发展的人性"二重化"学说，把古代人性善恶之争推向了深化。

创立人性"二重化"学说,张载、二程与朱熹的主观愿望是想为人性善恶来源找到一个圆满的解释。张载认为,人人都有太虚的本性,即天地之性;但每个人因禀受阴阳二气的不同,便产生了有差别的个体本性,这就是气质之性。天地之性是至善的,气质之性有清有浊,有好有坏,于是表现为善或恶。如何去恶向善呢? 张载提出了"变化气质"的主张。以为人只要通过道德上的自我转化,就能不受气质之性的限制而归于纯善的天地之性,即"为学大益,自在求变化气质"(《张载集·张子语录》)。这个"学"不是以外在事物为对象的,而是以封建伦理原则为主要内容的。通过后天不断地自我反省,就能使至善的天地之性永在心中。张载的"变化气质"之说,到朱熹那里,发展成为"复性"说而得以完备,成为封建社会后期公认的人性理论。

张载的人性论为二程所继承,这是朱熹对张载与二程大加赞扬的缘由:

　　此起于张、程。某以为极有功于圣门,有补于
后学,读之使人深有感于张、程,前此未曾有人说到
此。如韩退之《原性》中说三品,说得也是,但不曾
分明说是气质之性耳。性那里有三品来!孟子说
性善,但说得本原处,下面却不曾说得气质之性,所
以亦费分疏。诸子说性恶与善恶混。使张、程之说
早出,则这许多说话自不用纷争。故张、程之说立,
则诸子之说泯矣。(卷四)

朱熹对历史上影响较大的人性论作了评述,认为张载、
二程的"二重化"人性学说出现以后,其他各家的主张
就可以泯灭了。韩愈的"性三品"说以为,人性有着与
生俱来的三种品性:一是为善的上品,一是向恶的下
品,一是能上下浮动的中品。朱熹对"性三品"说是断
然否认的:"性那里有三品来。"对孟子的性善论,朱熹
的态度比较客气,以为孟子论人性是讲到了根本的,只
是"不曾说得气质之性",故而还得作些补充说明才行。
至于荀子的"性恶"论与扬雄的"人性善恶混"说,朱熹

认为两种观点之间的纷争是毫无意义的。二程的"性即理"的主张(《二程遗书》卷二二上),为朱熹大加颂扬,以为是颠扑不破的真理,是自古以来无人道出的新见,是后世人们论说人性的根基。这是因为,"理"是天地万物得以产生的本体。"性即理"命题的提出,使人性的论述不再局限于伦理的范围内,而赋予了本体论的性质。这是朱熹对张、程之说大加赞扬的原因所在。

性是天理在人身上的体现,这是朱熹对性所作的规定。朱熹说:

> 性即理也。天以阴阳五行化生万物,气以成形,而理亦赋焉,犹命令也。于是人物之生,因各得其所赋之理,以为健顺五常之德,所谓性也。(《中庸章句》第一章)

性是与生俱来的,人得到天所赋予之理,就是人性。人性的来源是"天",来源于"天"的性,就是天地之性或天命之性。

朱熹是一个构造了严密体系的哲学家,他将自己的本体论与禁欲主义,贯穿到了人性论之中。朱熹说:

> 性只是理。然无那天气地质,则此理没安顿处。但得气之清明则不蔽锢,此理顺发出来。蔽锢少者,发出来天理胜;蔽锢多者,则私欲胜,便见得本原之性无有不善。孟子所谓性善,周子所谓纯粹至善,程子所谓性之本,与夫反本穷源之性,是也。只被气质有昏浊,则隔了,故"气质之性,君子有弗性者焉。学以反之,则天地之性存矣"。故说性,须兼气质说方备。天命之性,若无气质,却无安顿处。且如一勺水,非有物盛之,则水无归着。程子云:"论性不论气,不备;论气不论性,不明。二之则不是。"所以发明千古圣贤未尽之意,甚为有功。大抵此理有未分晓处,秦汉以来传记所载,只是说梦。(卷四)

对这段材料从四个方面作些论述。

首先，按照朱熹本体论中的理气观，无形迹的"理"得有个安顿的地方，这个地方就是"气"。"性只是理"，理无形迹，性也就无形迹。与"理"相应的天命之性，也就产生了个挂靠的问题。所以说，"天命之性，若无气质，却无安顿处"（卷四）。如同水一定得有个盛器方能稳住一样，否则就到处流动，没有一个固定的归宿。

第二，"理"是产生万物的根本，"气"是形成万物的质料，两者相结合才能生成万物。人亦不能例外。探究人性就必然要涉及每一个人气禀的情况。中国古代哲学有一个传统，以为气是构成万物的始基物质。人之所以有生命，无非是气充实于人体的结果。庄子就非常明确地说，人的生命是由气所充实的。气聚在一起，人就有生命；气散开来了，人就死亡了，"通天下一气耳"（《庄子·知北游》）。韩非子以为，"是以死生气禀焉"（《韩非子·解老》）。很明显，人生下来所接受的气（气禀），即是人生命的来源。那么，人所禀受的气，在每一个人身上是否完全一样呢？这是气禀说出现后，思想家们进一步思索的内容。汉代王充以为，人的生死祸福、贵贱寿夭皆是由与生俱来的气禀所决定:"人禀气而生,含气而长,得贵则贵,得贱则贱。"(《论衡·命义》)答案出来了,为什么有人富贵,有人贫贱呢?是各人所禀受的气有不同的缘故。王充甚至以为,还有一种"光气",是"圣王"降临人间的象征,汉高祖刘邦、汉光武帝刘秀就是"禀天光气"(《论衡·吉验》)而生的。大约到王充这里,气禀说基本定型了。二程与朱熹,都是气禀说的拥护者。他们认为,对人性有充分的、全面的认识,就要讲清与气禀相关的气质之性。

第三,朱熹以为,每个人的天命之性是无差异的,都是至善至美的,"本原之性无有不善"。"只被气质有昏浊,则隔了",因为各人生来所禀受的气,是有很大差别的。朱熹认定,每个人所禀受的气,有着清浊、昏明、开塞、厚薄、久长与衰颓等与生俱来的差别。这些差别使"无有不善"的"天命之性"掩藏了起来。人为何有圣贤与愚不肖的分别呢?朱熹举了个宝珠的比喻:"禀气之清者为圣为贤,如宝珠在清冷水中;禀气之浊者为愚为不肖,如宝珠在浊水中。"(卷四)宝珠在清水中是光明莹亮的，一到浊水中明亮的本色就被昏蔽了。

第四，对人性的分析，得综合天命之性与气质之性加以考察。"论性不论气，不备；论气不论性，不明。二之则不是。"（《二程遗书》卷六）这一段话在《朱子语类》中反复出现，其意就在于此。二程的意思是说，讲人性必定得兼顾天命之性与气质之性。只讲天命之性（"论性"），不涉及气质之性，不够完备；只说气质之性（"论气"），不阐明天命之性，又不够明白。"二之则不是"，是说把天地之性与气质之性割裂开来，只注意一方面而忽视另一方面，都是错误的。朱熹继承了二程的主张，认为只考察"至善"的"本然之性"（天命之性），"然不以气质而论之"，是走向了一个极端。即无法知悉人所受气禀中的"昏明"、"开塞"等不同情况，这样论人性是不完备的。同样，"徒论气质之性"，"而不自本原言之"，就无法知道"至善之源未尝无异"。这样对人性的认识，也是不够明白的。"须是合性与气观之，然后尽。"（卷五九）朱熹反复强调，在讲天命之性时，一定要兼论气质之性。天命之性对每一个人来说是同，气质

之性对每一个人来说是异。"须是去分别得他同中有异,异中有同,始得。"(卷五九)

朱熹用"气禀"说来解释人的生理状况与社会地位的区别时,却走向了命定论。他断言,人与人之间,有圣愚、贤不肖与贫富、贵贱等等差别,是由于天生的禀气不同所造成的。朱熹的"性"有双重意义(即天命之性与气质之性),他所说的"命"也有双重意义:

> "死生有命"之"命",是带气言之,气便有禀得多少厚薄之不同。"天命谓性"之"命",是纯乎理言之。然天之所命,毕竟皆不离乎气。(卷四)

"天命谓性",是专门指"理"而说的;"死生有命"的"命",是指气禀而言的。财富状况的差别、生命长短的不同、社会地位的悬殊,这一切均是"天之所命",人的任何后天努力都是无济于事的,这是极端的命定论。对命定论,朱熹举了许多事例来论证。他的例子可归为三个方面。一是日常所见的事情。山中的林木,有的被用来作栋梁之材,有的被当作建厕所的杂料,这一切"皆其生时所禀气数如此定了"(卷四)。二是自然界的种种现象。"如天气晴明舒豁,便是好底气;禀得这般气,岂不好! 到阴沉黯淡时,便是不好底气;禀得这般气,如何会好!"(卷五九)天气的晴朗与阴沉,是由许多复杂的因素决定的,朱熹用气禀说来解释,是缺乏说服力的。三是社会历史中的事实。四十万赵国的士兵,在长平之战中为秦国大将白起所杀。战争的胜负,一般地说是由交战双方的实力以及指挥官的军事能力所决定的。赵国在长平之战中惨败,除了赵国的实力不及秦国外,赵括的纸上谈兵也是一个重要原因。朱熹的解释则完全是命定论的:"只他相撞时,便是命。"(卷四)为孔子所器重的颜渊,寿命很短促;名声不好的盗跖,却是长寿的。为什么贤人短命、恶人长寿呢? 朱熹断定也是由气禀所决定的:"亦是被气滚乱汨没了。"尧、舜被后世公认为大圣人,居天子之位,是因为他们"禀得清明纯粹底气,又禀得极厚",故而"做得许多大事业,又享许大福寿,又有许大名誉"。"如孔子之圣,亦是禀得清明纯

粹",但是有王佐之才的孔子未成就王业,最多只是个
"素王",是因为"他是当气之衰,禀得来薄了",不如尧、
舜那么厚实。孔子虽"有许多名誉",但他周游列国,其
主张不为诸侯所采纳,"所以终身栖栖为旅人,又仅得
中寿"(卷五九)。同为圣人,孔子与尧、舜有如此大的
反差,原因不是别的,就是他们的气禀情况有差异。朱
熹的结论很明确:"人之禀气,富贵、贫贱、长短,皆有定
数寓其中。"(卷四)在朱熹看来,"定数"是人们无法抗
拒的力量。马克思对古代世界里人们所信奉的命运有
精辟的论述:"古代世界的主宰是劫数,即难以逃脱的
神秘命运。这是希腊人和罗马人的说法。他们指的是
使人的意志和愿望成为泡影,使人的一切行动结果大与
愿违的那种不可知的万能力量,是从那个时代就被人们
称作天意、定数等的那种不可战胜的力量。"(《马恩全
集》第四卷,388 页)对命定论的信奉,为古代世界中人
们难以避免的通病,即使睿智如朱熹者也在所难免。

　　朱熹论述问题经常是从不同的角度去讲的。一方
面肯定命定论,但另一方面他又考虑如何避免气质之性

所带来的弊端。为此朱熹提出了"复性"说。

> 明德者，人之所得乎天，而虚灵不昧，以具众理而应万事者也。但为气禀所拘，人欲所蔽，则有时而昏。然其本体之明，则有未尝息者，故学者因其所发而遂明之，以复其初也。新者，革其旧之谓也，言既自明其明德，又当推以及人，使之亦有以去其旧染之污也。止者，必至于是而不迁之意。至善，则事理当然之极也。言明明德、新民，皆当止于至善之地而不迁。盖必其有以尽夫天理之极，而无一毫人欲之私也。（《大学章句》第一章）

这是解释《大学》首句"《大学》之道，在明明德，在亲（新）民，在止于至善"时说的。这段话要关注的有四点：（1）人生来就有天赋的"明德"，即"本明"的心自然地具备至善的"天理"，有着用来应付万事而无有不得当的功效。这就是天命之性。（2）就每个具体的人而言，光明的德性为"气禀所拘，人欲所蔽"，如同明镜蒙上尘垢变得昏暗一样,需作"存天理,灭人欲"的修养工夫,使"本体之明"得到扩展,以达到"复其初"。朱熹所说的"初",是指用人为的力量来强制自身以恢复心中固有的至善的"天理",即以封建社会中等级制度与道德原则来规范与约束自身,而不是《庄子·缮性》中所说的本初的自然状态。(3)"复其初"就是朱熹喜欢讲的"复性"说。朱熹以为,这不但在自己恢复"明德"时要做到,而且还要推己及人("新民")。(4)"复性"说的目的,就是实现朱熹一贯倡导的道德禁欲主义:"革尽人欲,复尽天理。"

"复性"说是韩愈的学生李翱(772—841)首先提出的(他同韩愈一起被视为理学的先驱)。他认为,人人都有至善的本性,都可成为圣人,但溺于后天的情欲,受喜、怒、哀、惧、爱、恶、欲七情的浸染,不能知道人性的根本。如水与泥沙的关系,水的本性是清净的,因泥沙浑浊把水搅浑了;一旦泥沙沉淀后,水就清净了,这就叫做"复其性"。百姓沉溺于情而不能自拔,圣人则做到去情复性。情是超凡入圣的障碍,于是李翱提出了"性善情恶"说。"性无不善","情本邪也,妄也"(《复性书中》)。去掉邪恶的情欲是"复性"的关键,这正好合上了朱熹"存天理,灭人欲"的口味。朱熹受李翱的影响,大加宣扬"复性"说,视"复性"为入圣去欲的途径。正如已故学者范寿康指出:"一般儒家,为学的目的在于要达到所谓'圣人'的境界。所谓'圣人',是指不受气质的拘束和人欲的蒙蔽,能够把心性的全德加以完全的实现的那种理想人格。所以学为圣人,就是学到恢复心性之本然。"(范寿康《朱子及其哲学》,117 页)朱熹倡导的"复性"说,不仅为存理灭欲找到了人性论上的依据,而且集人性"二重化"学说之大成。张载"变化气质"的主张,与朱熹"复性"说相比就显得不够精致了。"复性"说表面上看,多多少少冲淡了"禀气有定数"的命定论,但实际上是用更为精致的外衣把宿命论包装了起来。

五、格物致知

格物致知,是朱熹认识论的核心。格物致知,始见于《礼记·大学》,原是道德修养的命题,从程颐开始,成为认识论上的重要课题。朱熹在程颐思想的基础上,以为《大学》作格物致知方面的补传这一形式,提出了自己的认识论。格物致知,就是朱熹沟通认识主体与认识客体的方法。格物就是穷天下事物之理,致知为推已知以至其极。朱熹认为,这是一个道理的两个方面。在如何进行格物、致知上,朱熹提出了分析、类推、贯通这三个阶段。尤其是他在继承二程的基础上,有见于人的认识在持续思考的前提下会出现对客观对象本质突然领悟的情况,而提出的"豁然贯通"说,就比禅宗的"顿悟"来得合理,这在古代认识论中是很可贵的见解。

格物者,格,尽也,须是穷尽事物之理。若是穷得三两分,便未是格物。须是穷尽得到十分,方是格物。

程 颐

居甫问:"格物工夫,觉见不周给。"曰:"须是四方八面去格。"

格物。格,犹至也,如"舜格于文祖"①之"格",是至于文祖处。(卷一五)

① 舜格于文祖:出自《尚书·尧典》。意谓舜到了文祖庙处。

"格物"二字最好。物,谓事物也。须穷极事物之理到尽处,便有一个是,一个非,是底便行,非底便不行。凡自家身心上,皆须体验得一个是非。(卷一五)

《大学》不说穷理,只说个格物,便是要人就事物上理会,如此方见得实体。所谓实体,非就事物上见不得。且如作舟以行水,作车以行陆。今试以众人之力共推一舟于陆,必不能行,方见得舟果不能以行陆也,此之谓实体。
(卷一五)

"《或问》①格物问得太烦"。曰:"若只此联缠说,济得自家甚事。某最怕人如此。人心是个神明不测物事,今合是如何理会? 这耳目鼻口手足,合是如何安顿? 如父子君臣夫妇朋友,合是如何区处? 就切近处,且逐旋理会。程先生谓:'一草一木亦皆有理,不可不察。'"
(卷一八)

①《或问》:指朱熹的《大学或问》。

上而无极、太极,下而至于一草、一木、一昆虫之微,亦各有理。一书不读,则阙了一书道理;一事不穷,则阙了一事道理;一物不格,则阙了一物道理。须著逐一件与他理会过。

（卷一五）

穷理格物,如读经看史,应接事物,理会个
是处,皆是格物。只是常教此心存,莫教他闲
没勾当处。公且道如今不去学问时,此心顿放
那处?（卷一五）

格物,是穷得这事当如此,那事当如彼。
如为人君,便当止于仁;为人臣,便当止于敬。
又更上一著,便要穷究得为人君,如何要止于
仁;为人臣,如何要止于敬,乃是。

格物者,格其孝,当考《论语》中许多论孝;
格其忠,必"将顺其美,匡救其恶"①,不幸而仗
节死义。古人爱物,而伐木亦有时,无一些子
不到处,无一物不被其泽。盖缘是格物得尽,
所以如此。

格物,须真见得决定是如此。为子岂不知

是要孝？为臣岂不知是要忠？人皆知得是如此。然须当真见得子决定是合当孝，臣决定是合当忠，决定如此做，始得。（卷一五）

① "将顺"句：语出《孝经》。意谓美好的顺其发展，丑恶的要作匡救。

问："格物最难。日用间应事处，平直者却易见。如交错疑似处，要如此则彼碍，要如彼则此碍，不审何以穷之？"曰："如何一顿便要格得恁地！且要见得大纲，且看个大胚模是恁地，方就里面旋旋做细。如树，初间且先斫倒在这里，逐旋去皮，方始出细。若难晓易晓底，一齐都要理会得，也不解恁地。但不失了大纲，理会一重了，里面又见一重；一重了，又见一重。以事之详略言，理会一件又一件；以理之浅深言，理会一重又一重。只管理会，须有

极尽时。"（卷一五）

问"立诚意以格之"。曰："此'诚'字说较浅，未说到深处。只是确定其志，朴实去做工夫，如胡氏①'立志以定其本'，便是此意。"

李德之问"立诚意以格之"。曰："这个诚意，只是要著实用力，所以下'立'字。"

诚意不立，如何能格物！所谓立诚意者，只是要著实下工夫，不要若存若亡。遇一物，须是真个即此一物究极得个道理了，方可言格。（卷一五）

① 胡氏：指胡宏。

《大学》物格、知至处，便是凡圣之关。物未格，知未至，如何杀也是凡人。须是物格、知至，方能循循不已，而入于圣贤之域，纵有敏钝

迟速之不同，头势也都自向那边去了。今物未格，知未至，虽是要过那边去，头势只在这边。如门之有限，犹未过得在。（卷一五）

《大学》所以说格物，却不说穷理。盖说穷理，则似悬空无捉摸处。只说格物，则只就那形而下之器上，便寻那形而上之道，便见得这个元不相离，所以只说"格物"。"天生蒸民，有物有则。"①所谓道者是如此，何尝说物便是则。龟山便只指那物做则，只是就这物上分精粗为物则。如云目是物也，目之视乃则也；耳物也，耳之听乃则也。殊不知目视耳听，依旧是物；其视之明，听之聪，方是则也。（卷六二）

① "天生"句：出自《诗经·大雅·蒸民》。意谓天生众人性相合，万物本来有法则。

世间之物，无不有理，皆须格过。古人自幼便识其具。且如事君事亲之礼，钟鼓铿锵之节，进退揖逊之仪，皆目熟其事，躬亲其礼。及其长也，不过只是穷此理，因而渐及于天地鬼神日月阴阳草木鸟兽之理，所以用工也易。今人皆无此等礼数可以讲习，只靠先圣遗经自去推究，所以要人格物主敬，便将此心去体会古人道理，循而行之。如事亲孝，自家既知所以孝，便将此孝心依古礼而行之；事君敬，便将此敬心依圣经所说之礼而行之。一一须要穷过，自然浃洽贯通。（卷一五）

所谓格物，只是眼前处置事物，酌其轻重，究极其当处，便是，亦安用存神索至！只如吾胸中所见，一物有十分道理，若只见三二分，便是见不尽。须是推来推去，要见尽十分，方是格物。既见尽十分，便是知止。（卷一五）

"大凡为学,须是四方八面都理会教通晓,仍更理会向里来。譬如吃果子一般,先去其皮壳,然后食其肉,又更和那中间核子都咬破,始得。若不咬破,又恐里头别有多滋味在。若是不去其皮壳,固不可;若只去其皮壳了,不管里面核子,亦不可,恁地则无缘到得极至处。《大学》之道,所以在致知、格物。格物,谓于事物之理各极其至,穷到尽头。若是里面核子未破,便是未极其至也。如今人于外面天地造化之理都理会得,而中间核子未破,则所理会得者亦未必皆是,终有未极其至处。"因举五峰之言,曰:"'身亲格之以精其知',虽于'致'字得向里之意,然却恐遗了外面许多事。如某,便不敢如此说。须是内外本末,隐显精粗,一一周遍,方是儒者之学。"(卷一八)

格物、致知,彼我相对而言耳。格物所以

致知。于这一物上穷得一分之理,即我之知亦知得一分;于物之理穷得二分,即我之知亦知得二分;于物之理穷得愈多,则我之知愈广。其实只是一理,才明彼,即晓此。所以《大学》说"致知在格物",又不说"欲致其知者在格其物"。盖致知便在格物中,非格之外别有致处也。又曰:"格物之理,所以致我之知。"(卷一八)

器远问:"致知者,推致事物之理。还当就甚么样事推致其理?"曰:"眼前凡所接应底都是物。事事都有个极至之理,便要知得到。若知不到,便都没分明;若知得到,便著定恁地做,更无第二著、第三著。止缘人见道理不破,便恁地苟简,且恁地做也得,都做不得第一义。"曹问:"如何是第一义?"曰:"如'为人君,止于仁;为人臣,止于敬;为人子,止于孝'之类,决定著恁地,不恁地便不得。又如在朝,须著进君子,退小人,这是第一义。有功决定著赏,有罪决定著诛。更无小人可用之理,更无包含小人之理。惟见得不破,便道小人不可去,也有可用之理。这都是第二义、第三义,如何会好!"(卷一五)

曰:"'致'字有推出之意,前辈用'致'字多如此。人谁无知? 为子知孝,为父知慈。只是知不尽,须是要知得透底。且如一穴之光,也唤做光,然逐旋开划得大,则其光愈大。物皆有理,人亦知其理,如当慈孝之类,只是格不尽。但物格于彼,则知尽于此矣。"又曰:"知得此理尽,则此个意便实。若有知未透处,这里面便黑了。"(卷一五)

问:"致知在格物。"曰:"知者,吾自有此知。此心虚明广大，无所不知，要当极其至耳。今学者岂无一斑半点，只是为利欲所昏，不曾致其知。孟子所谓四端①，此四者在人心，发见于外。吾友还曾平日的见其有此心，须是见得分明，则知可致。今有此心而不能致，临事则昏惑，有事则胶扰，百种病根皆自此生。"（卷一五）

① 四端：孟子以为仁、义、礼、智这四种先天具有的道德意识，还处于开端的状态，需要通过自身的道德修养工夫让它扩充开来。

致知所以求为真知。真知，是要彻骨都见得透。

问："致知莫只是致察否？"曰："如读书而求其义，处事而求其当，接物存心察其是非、邪正，皆是也。"

因郑仲履之问而言曰："致知乃本心之知。如一面镜子，本全体通明，只被昏翳了。而今逐旋磨去，使四边皆照见，其明无所不到。"

致知有甚了期。

致知工夫，亦只是且据所已知者，玩索推广将去。具于心者，本无不足也。（卷一五）

先知者，因事而知；先觉者，因理而觉。知者，因事因物皆可以知，觉，则是自心中有所觉悟。

"先觉后觉"之"觉"，是自悟之觉，似《大学》说格物、致知豁然贯通处。今人知得此事，讲解得这个道理，皆知之之事。及其自悟，则又自有个见解处。"先知觉后知，先觉觉后觉"①，中央两个"觉"字，皆训唤醒，是我唤醒他。

行夫问"觉"。曰："程子云：'知是知此事，觉是觉此理。'盖知是知此一事，觉是忽然自理会得。"（卷五八）

① "先知"句,语出《孟子·万章上》:"天之生此民也,使先知觉后知,使先觉觉后觉也。"孟子以为有两种人,一种是"先知先觉"的,一种是"后知后觉的"。先于他人知道道理的,有责任去唤醒别人。

杨问:"程子曰:'近思,以类而推。'何谓类推?"曰:"此语道得好。不要跳越望远,亦不是纵横陡顿,只是就这里近傍那晓得处挨将去。如这一件事理会得透了,又因这件事推去做那一件事,知得亦是恁地。如识得这灯有许多光,便因这灯推将去,识得那烛亦恁地光。如升阶,升第一级了,便因这一级进到第二级,又因第三级进到四级。只管恁地挨将去,只管见易,不见其难,前面远处只管会近。若第一级便要跳到第三级,举步阔了便费力,只管见难,只管见远。"(卷四九)

既是教类推,不是穷尽一事便了。且如

孝,尽得个孝底道理,故忠可移于君,又须去尽得忠。以至于兄弟、夫妇、朋友,从此推之无不尽穷,始得。且如炭,又有白底,又有黑底。只穷得黑,不穷得白,亦不得。且如水虽是冷而湿者,然亦有许多样,只认冷湿一件也不是格。但如今下手,且须从近处做去。若幽奥纷拏,却留向后面做。所以先要读书,理会道理。盖先学得在这里,到临时应事接物,撞著便有用处。且如火炉,理会得一角了,又须都理会得三角;又须都理会得上下四边,方是物格。若一处不通,便非物格也。(卷一八)

只要以类而推。理固是一理,然其间曲折甚多,须是把这个做样子,却从这里推去,始得。且如事亲,固当尽其事之之道,若得于亲时是如何,不得于亲时又当如何。以此而推之于事君,则知得于君时是如何,不得于君时又

当如何。推以事长，亦是如此。自此推去，莫不皆然。（卷一八）

"今以十事言之，若理会得七八件，则那两三件触类可通。若四旁都理会得，则中间所未通者，其道理亦是如此。盖长短大小，自有准则。如忽然遇一件事来时，必知某事合如此，某事合如彼，则此方来之事亦有可见者矣。圣贤于难处之事，只以数语尽其曲折，后人皆不能易者，以其于此理素明故也。"又云："所谓格物者，常人于此理，或能知一二分，即其一二分之所知者推之，直要推到十分，穷得来无去处，方是格物。"（卷一八）

器远问："格物当穷究万物之理令归一，如何?"曰："事事物物各自有理，如何硬要捏合得! 只是才遇一事，即就一事究竟其理，少间多了,自然会贯通。如一案有许多器用,逐一理会得,少间便自见得都是案上合有底物事。若是要看一件晓未得,又去看一样,看那个未了,又看一样,到后一齐都晓不得。如人读书,初未理会得,却不去究心理会。问他《易》如何,便说中间说话与《书》甚处相类。问他《书》如何,便云与《诗》甚处相类。一齐都没理会。所以程子说:'所谓穷理者,非欲尽穷天下之理,又非是止穷得一理便到。但积累多后,自当脱然有悟处。'①此语最亲切。"(卷一八)

① "所谓穷理"句:出自《二程遗书》卷二上,引用时略有变动。《朱子语类》中常引二程关于"积累多后,脱然有悟"的话。

穷理者,因其所已知而及其所未知,因其所已达而及其所未达。人之良知,本所固有。然不能穷理者,只是足于已知已达,而不能穷其未知未达,故见得一截,又不曾见得一截,此其所以于理未精也。然仍须工夫日日增加。今日既格得一物,明日又格得一物,工夫更不住地做。如左脚进得一步,右脚又进一步;右脚进得一步,左脚又进,接续不已,自然贯通。(卷一八)

"积习虽多,自当脱然有贯通处"①,乃是零零碎碎凑合将来,不知不觉,自然醒悟。其始固须用力,及其得之也,又却不假用力。此个事不可欲速,欲速则不达,须是慢慢做去。(卷一八)

① "积习"句:出自《二程遗书》卷一八:"须是今日格一件,明日又格一件,积习既多,然后脱然有贯通处。"朱熹对门人常引此语,以说明"豁然贯通"的道理。

人说道顿段做工夫,亦难得顿段①工夫。

莫说道今日做未得,且待来日做。若做得一事,便是一事工夫;若理会得这些子,便有这些子工夫。若见处有积累,则见处自然贯通;若存养处有积累,则存养处自然透彻。(卷一一三)

① 顿段:整体的、有规模的。

"学问亦无个一超直入之理,直是铢积寸累做将去。某是如此吃辛苦,从渐做来。若要得知,亦须是吃辛苦了做,不是可以坐谈侥幸而得。"正淳曰:"连日侍先生,教自做工夫,至要约贯通处,似已详尽。"先生曰:"只欠做。"(卷一一五)

"格物致知"出自《礼记·大学》。《大学》有"三纲八目"之说。"八目"为"格物、致知、诚意、正心、修身、齐家、治国、平天下"。《大学》提出了"致知在格物",但没有作出具体的解释。汉代经学家郑玄对《大学》作注解时说:"格,来也;物,犹事也。其知于善深,则来善物;知于恶深,则来恶物。言事缘人所好而来也。"据此,则格物系对一般的道德认识而言。对道德之善的认识深刻,则招来了善的事物;对不道德之恶的认识深刻,则招来了恶的事物。格物致知的本义是从道德与政治层面上着眼的。郑玄这一解释,是比较接近于《大学》本义的。

司马光虽说最早把《大学》从《礼记》中抽出来加以解释,对《大学》单独成书起到了很大的作用,但明确从认识论意义上来解释格物的,首先还是二程。其中程颐在这方面的论述尤多。朱熹的"格物致知"说,继承和发展了程颐的主要观点,建立了较为完整的体系。这一体系的经典性表述是在《大学章句》的"格物补传"上:

所谓致知在格物者,言欲致吾之知,在即物而穷其理也。盖人心之灵莫不有知,而天下之物莫不有理,惟于理有未穷,故其知有不尽也。是以《大学》始教,必使学者即凡天下之物,莫不因其已知

之理而益穷之，以求乎其极。至于用力之久，而一
旦豁然贯通焉，则众物之表里精粗无不到，而吾心
之全体大用无不明矣。此谓格物，此谓知至之明。

下面依据这段话，结合《朱子语类》中的言论，作些
疏解。

先说格物。"格，犹至也。"（卷一五）这是朱熹对
"格"所下的定义。"格"为"至"，所以"格物"就是完成
一事的极至。这一事之极至就是该事物本然之"理"，
"格物"也就是穷尽事物的本然之"理"。此是一层含
义，还有另一层含义："格物者，格，尽也。须是穷尽事
物之理。若是穷得三两分，便未是格物，须是穷尽得十
分，方是格物。"（卷一五）一朵花有十瓣，只知道五瓣，
还有五瓣未知，就是不尽，就谈不上格物。"物"是什么
呢？朱熹说："天下之事，皆谓之物。"（卷一五）事与物，
在朱熹心目中是等同的。事或物，包罗万象，包括一切
的自然现象与社会现象，也包括以书籍为载体的精神产
品与约束人们行为的道德准则。朱熹说：

上而无极、太极,下而至于一草、一木、一昆虫
之微,亦各有理。一书不读,则阙了一书道理;一事
不穷,则阙了一事道理;一物不格,则阙了一物道
理。须著逐一件与他理会过。(卷一五)

此就一切存在而言。上至抽象的太极,下至具体的一草
一木,均属于事物的范围。朱熹说的"读"、"穷"、
"格",是在同一意义上使用的,那就是得"逐一件与他
理会过"。"世间之事物,莫不有理,皆须格过。"(卷一
五)理不是悬空的,而是存在于事物之中的,舍"物"无
以求得内中所含的"理"。就伦理道德方面说,格物就
是要穷尽纲常伦理,在行为上要自觉地践行仁、敬、忠、
孝等道德规范。朱熹说:

格物,是要穷得这事当如此,那事当如彼。如为
人君,便当止于仁;为人臣,便止于敬。……格物,须
真见得是如此。为子岂不是要孝,为臣岂不是要忠。
人皆行得如此。(卷一五)

就格自然之物与穷伦理道德相比而言,朱熹以为后者比前者更为根本,因为伦理纲常是他心目中"致知在格物者"的"第一义",即"为君仁"、"为臣敬"、"为子孝"。这是格物的宗旨所在。如果只是留神于自然界草木等物的研究,是不能得到真正意义上的认识的。"徒欲汎然以观万物之理,则吾恐其如大军之游骑,出于太远而无所归也。"(《大学或问》卷二)朱熹以为,只注重于客观自然界万物之理的研究,离他所说的宗旨还是很远的。

再说"致知"。"致"是推开去的意思,"致知"是推已知以达其极。

> "致"字有推出之意,前辈用"致"字多如此。人谁无知?为子知孝,为父知慈。只是知不尽,须是要知得透底。且如一穴之光,也唤做光,然逐旋开划得大,则其光愈大。物皆有理,人亦知其理,如当慈孝之类,只是格不尽。但物格于彼,则知尽于此矣。(卷一五)

人们对知识的获取,是存在着一个由不知到知、知之甚少到知之甚多的过程的。人们对客观对象的认知是永远无法穷尽的,只能无限制地去接近。"须是要知得透底",朱熹这一主张,在人类认识史上是具有积极意义的。譬如人在暗室中见到一些光亮,便从此亮处寻去,忽然出得外面,便见到了明亮。朱熹讲学有一个明显的特点:先举日常生活中易懂的事例,然后往往归结到纲常伦理之上,即"孝慈之类"的"理"。这个"理"就是"天理"在人世间的体现,在朱熹整个思想体系中具有至高无上的价值。此为"万物之理"不能是"第一义"的缘故。朱熹以为,格物与致知,实际上是一个事情的两方面:"格物、致知,彼我相对而言","其实只是一理,才能彼,即晓此"(卷一八)。

"格物致知"包含着主体接触客体而获得事物道理的意思。朱熹强调在求索事物之理的过程中,必须严格区分认识的主客体:

　　知者,吾心之知。理者,以此知彼,自有主宾之

辨。(《朱文公文集》卷四四《答江德功》)

在格物穷理的过程中,不能把"主宾"混淆。"主宾"即认识的主体与客体。为什么"才能此"(格物),就能"即晓彼"(致知)呢?朱熹认为,格物致知就是联结认识主体与认识客体的途径。尽管朱熹认为,人心中是先天地包含万理的,然而人心无法直接认知事物之理,必须通过格物、致知等层次,即物而穷其理。这是他把主体与客体的联结分成格物、致知二个阶段的理由。朱熹的主客体见解虽说不完整,但毕竟作出了主客体之分。按照现在的说法,主体是有头脑、能思维的、从事于社会实践活动和认识活动的个人或社会集团,客体是指主体实践活动和认识活动的对象。朱熹把有思维头脑的人("吾心之知"),当作了认识的主体,在古代社会里是可贵的。"所谓格物,只是眼前处置事物,酌其轻重,究极其当处,便是"(卷一五),显然是把进入人类认识的对象看作是客体。以"吾心之知"去究极"眼前处置事物"之"当处",因而认识就是主体在与客体相互接触中获得知识的过程。但主体与客体是要分辨清楚的。

第三说说"格物"、"穷理"、"致知"的方法。朱熹论述了三个步骤：分析、类推与贯通。因为事物是众多的，所以得"理会一件又一件"；由于事物的"理"有着十分丰富的内涵与深浅不同的层次，所以"理会了一重，里面又见一重；一重了，又见一重"（卷一五）。这是强调，要对事物的"理"从广度与深度两方面作全面的、深入的分析，绝对不能浮光掠影地走过场。朱熹举了个例子，如吃果子，不仅要去壳食肉，而且还要将果核咬破，才能知道果子的真正滋味。这个过程，是由表及里、由浅入深的过程。所以穷事物之"理"，一定要从内外本末、隐显精粗等不同角度去观照。

朱熹以为，格物并非要穷尽天下所有的事物，而是可以通过类推的方法，达到触类旁通的效果。"今以十事言之，若理会得七八件，则那两三件触类可通。"（卷一八）也就是"因其已知之理而益穷之，以求乎其极"。通过类推的方法，自然而然就可以达到"豁然贯通"的境界。朱熹说：

只要以类而推。理固是一理,然其间曲折甚多,须是把这个做样子,却从这里推去,始得。且如事亲,固当尽其事之之道,若得于亲时是如何,不得于亲时又当如何。以此而推之于事君,则知得于君时是如何,不得于君时又当如何。推以事长,亦是如此。自此推去,莫不皆然。(卷一八)

朱熹对类概念的重视,是顺着孟子的逻辑思维往下讲的。孟子喜言"同类"、"知类",这成为他善辩才能的一部分。他说的"出类拔萃",后世成为使用频率相当高的成语。朱熹小时读到孟子说的"圣人与我同类"的话,兴奋得很(参见最后一章)。朱熹讲类概念着重在"推致开去"上,最好是像颜渊那样"知一闻十"。差一点的话,"以十事言之,若理会得七八件,则那两三件触类可通"(卷一八)。比如侍奉父母尽孝道,内中又得考虑,父母在自己身边时要尽孝道,父母不在时也要在心中不忘孝道。把这一道理类推开去,侍奉尊长也是如此。"且如孝,尽得个孝底道理,故忠可移于孝,又须去尽得忠"（卷一八）。再进一步，把这个道理推到兄弟、夫妇、朋友的关系中去。如果有一个方面推不开去，就不能说是格物致知。朱熹把封建社会中的美德，即"移孝作忠"而趋于"忠孝双全"的实现，认为是可以通过类推的方法来达到的。这固然是为维护封建统治着眼，但"以类而推"的方法，也有着合理的因素在内。"以类而推"，是从个别已知推到个别未知的一种推理方法。"这件事理会透了"，是说掌握了个别事物的属性。之后，找出这件事与那件事的相似处，"因这件事推去做那一件事，知得也是恁地"，这样就可从已知推到未知。类推法的前提，是要对"这件事"把握得透彻，而不要求对同类许多事物都一一理会。如灯能发出亮光，推及开去必定知道同类的烛也能发出亮光。类推法缩短了人们认识事物的时间，也缩小了认识事物的空间，还可以起到由近及远的效果。朱熹说："不要跳越望远，亦不是纵横陡顿，只是就这里近傍那晓得处挨将去。"（卷四九）即是说类推能由近处已知事物，推到当前无法感知的较为遥远的事物。朱熹要学生牢记"以类而推"的方法,其缘由就在于这一点上。朱熹于此道非常娴熟,他运用类推的方法,对自然现象提出了很多有价值的见解。一般地说,对客观对象的认识,离不开对类的考察。对客观对象的形态进行分类与类推,是科学认识活动的先决条件之一。朱熹的类推法,在认识客观世界的秩序上是有合理的因素的。

第四,对"豁然贯通"说作些理论上的解析。

> 今日既格得一物,明日又格得一物,工夫更不住地做。如左脚进得一步,右脚又进一步;右脚进得一步,左脚又进,接续不已,自然贯通。(卷一八)

"豁然贯通"是在以往"今日格一物,明日格一物"基础上的顿悟,而不是认识过程无缘由的中断。贯通是以积累为前提的,朱熹强调铢累寸积的渐进工夫:"零零碎碎凑合将来,不知不觉,自然醒悟。"(卷一八)有人认为,"豁然贯通"说是对禅宗"顿悟"说的偷运,与朱熹受过禅理的影响有关。这一论断是有片面性的,既没有弄清朱熹的"豁然贯通"与禅宗的"顿悟"之间的不同,也缺乏对人类认识中的飞跃现象的正确认识。朱熹有过倾心禅宗的时候,但后来逃禅归儒了。朱熹的"豁然贯通",作为逻辑思维过程中的飞跃,表现为非逻辑的直觉活动,是一种创造性思维,是对以往认识的超越。即朱熹所说的:"众物之表里精粗无不到,而吾心之全体大用无不明矣。"在人类的认识过程中,确实存在着"豁然贯通"的境界。它是人类认识客观世界的重要一环,也就是科学家们常说的"直觉"或艺术家常说的"灵感"。爱因斯坦说:"我相信直觉和灵感。"直觉是一种真实存在着的精神状态,它是对客观对象的一种突如其来的感悟或理解,是在已有感性经验和知识的基础上,直接领悟客观事物的本质,敏锐地认识到客观规律的思维能力。科学研究或艺术创造,在人类思维中往往呈现为渐进性与突变性的辩证思维过程。在这一过程中,有连续渐进的自觉思考,也有认识的突发性飞跃,而直觉正是飞跃的关节点。不能把朱熹"豁然贯通"等同于禅宗的"顿悟"。禅宗主张"前念悟即佛,后念迷即凡夫"

（《坛经》）的"悟"，是一种神秘的直觉。虽然触及了人的认识过程中突变这一环节，有一定的合理因素，但禅宗那种"放下屠刀，立地成佛"式的"顿悟"，否认了"顿悟"之前有着对某一问题的经久性思考这一渐进式积累阶段。朱熹的"豁然贯通"，则恰恰是以"铢积累寸"为前提的，并不以为直觉是不需要任何准备的刹那间的觉悟。如果说禅宗的"顿悟"，对人类思维能力中某些环节的认识有着片面深刻的话；那末，朱熹的"豁然贯通"说，则表现为比较全面的、辩证式的深刻。

朱熹之论也有不足的地方，那就是以为"豁然贯通"是自然而然降临的，不需要任何突发媒介的诱发。心理学的研究证明，人们通过持久学习与经久思考所获得的经验和知识，是以潜沉状态贮存在大脑中的。它会在大脑皮层中形成连续的、优势的兴奋中心，出现定向的潜意识。一旦出现某种诱发物，定向的潜意识就会演化为明显的直觉或灵感。阿基米德在洗澡时得出阿基米德原理，吴道子在观看裴旻舞剑时得到令其画风一变的灵感，说明突发的媒介在直觉或灵感的产生中的作用是异常重要的。两个完全不相关的事情的偶然交叉所触发的联想,使科学家或艺术家有可能克服以往认识上的障碍而取得创造性的成就来。

　　从全局来看,朱熹的"格物致知"说的最终目的不是把握客观世界的奥秘,以期取得真正的科学知识,而是达到对心中"全体大用"的自我认识。这样的"格物"所达到的"知止之明",归根结底是为了完成"明明德"的道德认识。

六、知行之辨

　　知行问题在中国历史上争论了两千多年,从先秦开始一直持续到近现代。在《左传》中,知行之辨就提出来了。到宋代,知行问题的讨论达到了一个高潮,出现了各种系统的知行理论。二程提出了"知先行后"说,后为朱熹所继承。朱熹的知行观要较二程来得丰富,大体上可分为三个层面:论先后,为"知先行后";论轻重,则"知轻行重";论关系,是"知行互发"。"知先行后"说,有着以知代行的不足之处。朱熹对"浅知"与"真知"作了区别,对人类认识客观对象所能达到的水平,有相当细致的分析。他的知行互发说,有古代朴素辩证法的因素,对认识与行动之间的内在联系有较为正确的论述,后为中国古代辩证法思想的集大成者王夫之所吸收。

> 知行常相须,如目无足不行,足无目不见。论先后,知为先;论轻重,行为重。(卷九)

> 子善问:"'见义不为无勇'①,这亦不为无所见,但为之不力,所以为无勇也。"曰:"固是见得是义而为之不力,然也是先时见得未分明。若已见得分明,则行之自有力。这般处著两下并看:就'见义不为'上看,固见得知之而不能为;若从源头上看下来,乃是知之未至,所以为之不力。"(卷二四)

① "见义"句:语出《论语·为政》:"见义不为,无勇也。"意谓遇到正义的事情而不去做,是无勇气的表现。

> 汪德辅问:"须是先知,然后行?"曰:"不

成未明理,便都不持守了!且如曾点①与曾子,便是两个样子:曾点便是理会得底,而行有不揜②;曾子便是合下持守,旋旋明理,到一唯处。"(卷九)

① 曾点:孔子弟子,曾参之父。《论语·先进》上记载,曾点向孔子自述其主张,得到孔子的赞许。 ② 揜(yǎn):掩盖,遮蔽。

曰:"只从大本上理会,亦是逐旋挨去,自会超诣。且如今学者考理①,一如在浅水上撑船相似,但觉辛苦不能向前。须是从上面放得些水来添,便自然撑得动,不用费力,滔滔然去矣!今有学者在某门者,其于考理非不精当,说得来置水不漏,直是理会得好;然所为却颠倒错缪,全然与所知者相反!人只管道某不合引他,如今被他累却。不知渠实是理会得,某如何不与他说?他凡所说底话,今世俗人往往有全晓不得者。他之所说,非不精明;然所为背驰者,只是不曾在源头上用力故也。往往他一时明敏,随处理会,便自晓得分明。然源头上不曾用功,只是徒然耳。"时举因云:"如此者,不是知上工夫欠,乃是行上全然欠耳。"曰:"也缘知得不实,故行得无力。"时举云:"惟其不见于行,是以知不能实。时举尝谓,知与行互相发明之说,诚不可易之论。"先生又云:"此心虚明,万理具足,外面理会得者,即里面本来有底,只要自大本而推之达道耳。"(卷一一四)

① 考理:考求义理。

有人专要理会躬行,此亦是孤。

王子充问:"某在湖南,见一先生只教人践履。"曰:"义理不明,如何践履?"曰:"他说:'行得便见得。'"曰:"如人行路,不见,便如何

行。今人多教人践履,皆是自立标致去教
人……"(卷九)

"文行忠信"①,如说事亲是如此,事兄是
如此。虽是行之事,也只是说话在。须是自家
体此而行之,方是行;蕴之于心无一毫不实处,
方是忠信。可传者只是这文。若"行、忠、信",
乃是在人自用力始得。虽然,若不理会得这个
道理,不知是行个甚么,忠信个甚么,所以文为
先。(卷三四)

① 文行忠信:出自《论语·述而》:"子以四教:文、行、
忠、信。"后世称为孔门四教,是孔子教育的基本内容。文教主
要是传授《诗》、《书》、礼、乐的各种专门知识。行教讲的是躬
行上述知识的要求。忠与信这两教,指培养诚心与守信的品
德方面的教育。朱熹"以文为先",是从知先行后的角度去理
解孔门四教的,孔子本人并无这种主张。

问:"致知下面更有节次。程子说知处,只就知上说,如何?"曰:"既知则自然行得,不待勉强。却是知字上重。"(卷一八)

周震亨问知至、意诚,云:"有知其如此,而行又不如此者,是如何?"曰:"此只是知之未至。"问:"必待行之皆是,而后验其知至与?"曰:"不必如此说。而今说与公是知之未至,公不信,且去就格物、穷理上做工夫。"(卷一五)

学之之博,未若知之之要;知之之要,未若行之之实。

善在那里,自家却去行他。行之久,则与自家为一;为一,则得之在我。未能行,善自善,我自我。

人言匹夫无可行,便是乱说。凡日用之间,动止语默,皆是行处。且须于行处警省,须是战战兢兢,方可。若悠悠泛泛地过,则又不可。

　　若不用躬行,只是说得便了,则七十子①之从孔子,只用两日说便尽,何用许多年随着孔子不去。不然,则孔门诸子皆是戅无能底人矣! 恐不然也。古人只是日夜皇皇汲汲,去理会这个身心。到得做事业时,只随自家分量以应之。如由②之果,赐③之达,冉求④之艺,只如此便可以从政,不用他求。

　　① 七十子:孔子弟子中身通六艺者的通称。　② 由:孔子弟子,姓仲,名由,字子路。生性耿直好勇,一生跟随孔子,时时保护孔子。　③ 赐:孔子弟子,姓端木,名赐,字子贡。入门前经商,家累千金。常问政于孔子,关心治国的经略。对孔子非常崇敬,孔门弟子中,对孔子的颂扬莫过于他。④ 冉求:孔子弟子,姓冉,名求,字子有。长于政事,多才艺,为孔门弟子中最有才干的一位。

为学就其偏处着工夫,亦是。其平正道理自在。若一向矫枉过直,又成偏去。如人偏于柔,自可见。只就这里用工,须存平正底道理。虽要致知,然不可恃。《书》曰:"知之非艰,行之惟艰。"①工夫全在行上。(卷一三)

① "知之"句:出自伪《古文尚书·说命中》。意谓知道一件事情并不困难,难在付诸行动。

学者实下功夫,须是日日为之,就事亲、从兄、接物、处事理会取。其有未能,益加勉行。如此之久,则日化而不自知,遂只如常事做将去。(卷一三)

欲知知之真不真,意之诚不诚,只看做不做如何。真个如此做底,便是知至、意诚。(卷一五)

问："固是当先畏天命①,但要紧又须是知得天命。天命即是天理,若不先知这道理,自是懵然,何由知其可畏? 此小人所以无忌惮。"曰："紧要全在知上,才知得,便自不容不畏。"问："知有深浅。大抵才知些道理,到得做事有少差错,心也便惕然。这便见得不容于不畏。"曰："知固有浅深。然就他浅深中,各自有天然不容已者。且如一件事合是如此,是不合如此,本自分晓。到临事又却不如此,道如此也不妨,如此也无害,又自做将去。这个是虽知之而不能行。然亦是知之未尽,知之未至,所以如此。圣人教人,于《大学》中劈初头便说一个格物、致知。'物格而后知至',最是要知得至。人有知不善之不当为,及临事又为之,只是知之未至。人知乌喙②之杀人不可食,断然不食,是真知之也。知不善之不当为,而犹或为之,是特未能真知之也。所以未能真知者,缘于道理上只就外面理会得许多，里面却未理会得十分莹净，所以有此一点黑。这不是外面理会不得，只是里面骨子有些见未破。所以《大学》之教，使人即事即物，就外面看许多一一教周遍，又须自家里面理会体验，教十分精切也。"（卷四六）

① 畏天命：语出《论语·季氏》："君子有三畏：畏天命，畏大人，畏圣人之言。"天命是孔子思想中的重要范畴之一，指非人力所能改变的超自然的力量。　② 乌喙：有毒植物，可作中药。一名乌头。内含乌头碱，可致人死命。《淮南子·缪称训》："天雄乌喙，药之凶毒也，良医以治人。"

又问真知，曰："曾被虎伤者，便知得是可畏①。未曾被虎伤底，须逐旋思量个被伤底道理，见得与被伤者一般，方是。"（卷一五）

① "曾被虎伤"句：典出《二程遗书》卷二上："真行与常

知异。常见一田夫,曾被虎伤,有人说虎伤人,众莫不惊,独田
夫色动异于众。若虎能伤人,虽三尺童子莫不知之,然未尝真
知。真知须如田夫乃是。"

　　谦请云:"知得,须要践履。"曰:"不真知
得,如何践履得。若是真知,自住不得。不可
似他们只把来说过了。"(卷一一六)

　　致知,力行,用功不可偏。偏过一边,则一
边受病。如程子云:"涵养须用敬,进学则在致
知。"①分明自作两脚说,但只要分先后轻重。
论先后,当以致知为先;论轻重,当以力行
为重。

　　问:"南轩②云:'致知、力行互相发。'"曰:
"未须理会相发,且各项做将去。若知有未至,
则就知上理会;行有未知,则就行上理会,少间
自是互相发。今人知不得,便推说我行未到,

行得不是,便说我知未至,只管相推,没长进。"
(卷九)

① "涵养"句:语出《二程遗书》卷十八。意谓存养本性用敬的方法,增长学识在于认识要明确。　② 南轩:南宋学者张栻的号。张栻(1133—1180),汉州绵竹(今属四川)人,一生致力于理学的传播,从游者甚众。与朱熹、吕祖谦齐名,时称"东南三贤"。主要著作为《张南轩文集》。

林子渊问知止至能得。曰:"知与行,工夫须著并到。知之愈明,则行之愈笃;行之愈笃,则知之益明。二者皆不可偏废。如人两足相先后行,便会渐渐行得到。若一边软了,便一步也进不得。然又须先知得,方行得。"(卷一四)

曰:"知与行须是齐头做,方能互相发。程子曰'涵养须用敬,进学则在致知',下'须'字'在'字,便是皆要齐头著力,不可道知得了方始

行。有一般人尽聪明,知得而行不及,是资质弱;又有一般人尽行得而知不得。"(卷一一七)

如公昨来所问涵养、致知、力行三者,便是以涵养做头,致知次之,力行次之。不涵养则无主宰。如做事须用人,才放下或困睡,这事便无人做主,都由别人,不由自家。既涵养,又须致知;既致知,又须力行。若致知而不力行,与不知同。亦须一时并了,非谓今日涵养,明日致知,后日力行也。要当皆以敬为本。敬却不是将来做一个事。今人多先安一个"敬"字在这里,如何做得?敬只是提起这心,莫教放散;恁地,则心便自明。这里便穷理、格物。见得当如此便是,不当如此便不是;既是了,便将行去。(卷一一五)

论知之与行。曰:"方其知之而行未及之,

则知尚浅。既亲历其域,则知之益明,非前日
之意味。"(卷九)

问:"'生知安行'为知,'学知利行'为仁,
'困知勉行'为勇,此岂以等级①言耶?"曰:"固
是。盖生知安行主于知而言。不知,如何行?
安行者,只是安而行之,不用著力,然须是知
得,方能行得也。学知利行主于行而言。虽是
学而知得,然须是著意去力行,则所学而知得
者不徒为知也。"(卷六四)

① 等级:孔子把人的资质分为三等:生而知之、学而知
之、困而学之(《论语·季氏》)。《中庸》发挥了这一思想,认
为从知的情况看,有的人天生聪明,生来就明白达道;有的人
通过用心学习,才明白达道;再次一等的人,是遇到困难后再
通过学习才了解达道的。从行的情况看,有的人从容安适实
行达道,这叫"生知安行";有的人贪求利益实行达道,是为
"学知利行";有的人力量不足勉强实行达道,则是"困知勉

行"。这三种人,虽在达道的知与行上有程度的差别,但等到成功的时候却是一样的。

　　或问定静安虑四节[1]。曰:"物格、知至,则天下事事物物皆知有个定理。定者,如寒之必衣,饥之必食,更不用商量。所见既定,则心不动摇走作,所以能静。既静,则随所处而安。看安顿在甚处,如处富贵、贫贱、患难,无往而不安。静者,主心而言;安者,主身与事而言。若人所见未定,则心何缘得静。心若不静,则既要如彼,又要如此,身何缘得安。能虑,则是前面所知之事到得,会行得去。如平时知得为子当孝,为臣当忠,互事亲事君时,则能思虑其曲折精微而得其所止矣。"(卷一四)

　　[1] 定静安虑四节:出自《大学》:"知止而后有定,定而后能静,静而后能安,安而后能虑,虑而后能得。"定,志向;静,安静,不浮躁;安,安稳,指随所处而安;虑,思考。

"知"、"行"是中国哲学的一对重要范畴。"知"有知识、知觉、认识等多重含义,究竟哪一种含义,要视其上下文来确定。"行"指行为、行动、践履等,偶尔也有类似于今天所说的实践的因素。古人讨论知行问题,虽说有认识方面的内容,但多从道德意识与道德行为的关系立论。这在朱熹那里尤为突出。

关于知行问题的讨论,早在先秦就出现了。《左传·昭公十年》中,就有"非知之实难,将在行之"的说法。《古文尚书·说命中》,则明确提出了"非知之艰,行之惟艰"的主张。对知行问题,先秦诸子均提出了各具特色的见解。在宋元明清时期,出现了各种系统的知行理论。二程提出了"知先行后"说,后为朱熹所继承。朱熹的知行观要较二程来得丰富,大体上可分为三个层面:论先后,为"知先行后";论轻重,则"知轻行重";论关系,是"知行互发"。

首先说"知先行后"。朱熹以为,人做任何一件事情,必须有知的指导才行。比如走路,有了知的指导,行路才有方向。不知道路径,行是根本不可能的。知是行的始因,行是知的结果。"夫泛论知行之理,而就一事中以观之,则知之为先,行之为后,无可疑者。"(《朱文公文集》卷四二《答吴晦叔》)知先行后的次序,在朱熹看来是不能怀疑的。具体从下面三个层次来分析。

一、不知不能行,知得方行得。朱熹以为,知是行的基础与根据。《论语·为政》中有"见义不为,无勇也"的话,朱熹从"知为行先"的角度加以解释。他以为,人在见义勇为上"为之不力",是因为"先时见得未分明","若见得分明,则行之自有力"(卷二四)。如果只讲践履,而不懂得内中的道理,那是标新立异。门人王子充说在湖南遇到一个人,"只教人践履"。朱熹评论说:"义理不明,如何践履?"又进而批评说:"今人教人多践履,皆是自立标致教人。"(卷九)如果专讲践履,而不先明白义理,在朱熹看来践履就失去了目标。知相对于行来说,是源头,是大本。朱熹举了个例子,如在浅水中行船,撑船老大会觉得很辛苦,用力也难以向前驶去。这时,"便从上面放得些水来添,便自然撑得动,不用费力,滔滔然去矣"!"源头上用力",就是知,这就是对知行关系从"大本上理会"。故而,"知得不实,故行得无力"(卷一一四)。

二、既知自然会行,行必须依赖于知。朱熹说:"既知自然得行,不待勉强。却是知字上重。"(卷一八)人只要知道了一件事情的道理,或对这一事情有了认识之后,自然而然地会见诸行。在朱熹看来,没有知道了不去实行的,行必须有待于知。就这两个主张而言,朱熹是有着以知代行倾向的。

白鹿洞书院

　　三、知而不行，是人们的认识尚处于浅薄阶段的缘故。"方其知之而未行，是知尚浅。"（卷九）"浅知"是知而不行的原因所在。严格地说，"浅知"是对事物缺乏真实的、深刻的认识，属"知之未至"的阶段。有个学生问他："有知其如此，而行又不如此者，是如何？"朱熹回答说："此只是知之未知。"（卷一五）为此朱熹区分了"浅知"与"真知"，认为这是属于人的认知的不同阶段。二程曾对"常知"与"真知"有所区别。在大家说到虎伤人的事情时，众人莫不惊讶，不过被虎咬伤过的农夫的面色却与众不同。二程从各人不同面色中判断出，农夫是"真知"，而众人是"常知"，两者有着极大的差别。朱熹多次对门人举了此例，认为未被虎伤的人，应当体会出被伤害的道理，这样才能摆脱"浅知"，进入到"真知"的地步。"浅知"与"真知"，在人的认识过程中是经常发生的事情。由于人们的自身经历、学识水平、体会程度的不同，对同一件事情各人会产生不同的认识；就是在同一个人身上，也会因自身条件的变迁，前后也会形成不同的看法。对人的认识水平区别出"浅知"与"真知"的不同,这是朱熹知行观上有着真知灼见的地方。

黑格尔有一个著名的论断,即"一般人平时所自以为很熟悉的东西……恰好就是他所不真知的"(《哲学史讲演录》第1卷,25页,商务印书馆1983年版)。在牛顿以前,人人都知道苹果熟了要掉在地下。人们对这一现象是再熟悉不过了,然而牛顿却深思内中之意,发现了万有引力定律。人们面对客观世界的种种现象,往往熟视无睹,"熟知但不是真知"的现象是经常发生的。黑格尔在分析这种现象的原因时说:"就是在认识的时候先假定某种东西是已经熟知了的,因而就这样地不去管它了。这样的知识,既不知道它是怎么来的,因而无论怎样说来说去,都不能离开原地而前进一步。"(《精神现象学》上卷,20页,商务印书馆,1979年第二版)要使对象从熟知变为真知,唯一的办法是认真的研究。朱熹对"浅知"与"真知"的区分,虽不及黑格尔来得深刻,却有着惊人的相似之处。

其次说"知轻行重"。知先行后,朱熹是从知识的来源来讲的;知轻行重,朱熹是从知识所造成的社会效果来说的。朱熹说:"论先后,知为先;论轻重,行为重。"(卷九)行重而知轻,朱熹是坚持了《古文尚书》中传统的见解,即"知易行难"。朱熹说:"《书》曰:'知之非艰,行之惟艰。'工夫全在行上。"(卷一三)为什么身通六艺的七十子追随孔子那么多年呢?就是因为孔子所讲的道理,实行起来确有很多困难。如果以为两三天道理就说尽了,就可以学得孔子学说的精华,那么这些学生就是无能的人了。这是第一个层次。进一层说,力行是知晓道理的归宿。"故圣贤教人,必以穷理为先,而力行以终之。"(《朱文公文集》卷五四《答郭希吕》)知是为了行,"穷理"的目的不是空挂在嘴上,而是要去实行它。这在伦理道德的践履上尤其如此。再进一层说,行是检验真知的标准。知的真与不真,得在行的方面才能了解清楚。对某一个事情事先知道了应该如何去做,"到临事时却又不如此",这是"知之未至"的反映。朱熹说:"人知乌喙之杀人不可食,断然不食,是真知之也。知不善之不当为,而犹或为之,是特未能真知之也。"(卷四六)乌喙是有剧毒的植物,可以致人于死地。知道这一点，就不再服用了，那是"真知"。但是有些人知道，不好的事情不能做，然而遇事时又做出不好的行动来，那是未通晓"真知"的缘故。人是否有"真知"，一定要见到他的行动才能作最后的判断。是否真正知道善，要从是否行善来检验。朱熹"重行轻知"的行，是行其所知，与他的"知先行后"说并不矛盾。

再次讲"知行互发"说。朱熹对知行关系，从它们之间的主次关系作出了"知先行后"、"知轻行重"的论述，同时又从它们之间的依存关系，得出了"知行互发"的结论：

> 知与行须是齐头做，方能互相发。（卷一一七）
>
> 知与行，工夫须著并到。知之愈明，则行之愈笃；行之愈笃，则知之益明。二者皆不可偏废。如人两足相先后行，便会渐渐行得到。（卷一四）

"知行互发"，首先是说，知与行是相互联结的："知行常相须。如目无足不行，足无目不见。"（卷九）知与行，如同人的眼睛与双足一样。没有眼睛看不清路,如何行走呢?反过来,有了眼睛没有双足,同样不能走路。这里有着相互依存的关系,两者缺一不可。其次是说知与行是相互促进的。犹如人的两足在行走时,左足停止了,右足便向前了。左足的止是为了右足的走,右足的停是为了左足的行。左右两足,相互促进。在认知方面上不够,就在认知上用力;在行动上有不足,就在行动上下工夫:"若有未知,则就知上理会;行有未知,则就行上理会,少间自是互相发。"(卷九)经过这样的反复,知与行自然而然会达到"互发"的效果。朱熹的结论是:"知之愈明,则行之愈笃;行之愈笃,则知之愈明。"(卷一四)"知行互发"对知与行的相互依存与相互促进方面的认识,确实有着辩证法的因素在内。

"知行互发"说,在南宋因朱熹的提倡,一时成为比较流行的思想。被时人称为"东南三贤"之一的张栻,是"知行互发"说的赞成者。与朱熹同为"东南三贤"的另一位是吕祖谦,他的言论与朱熹亦颇为接近:"致知力行,本交相发,学者若有实心,则讲贯玩索固为进德之要。"(《吕东莱文集》卷四《与朱元晦》)"知行互发"中的行，并不是今天所说的实践，而主要是道德规范的践履。"如平时知得为子当孝，为臣当忠，到事亲事君时则能思虑其曲折精微而得所止矣。"(卷一四)这样的"知行互发"，究其实质就是吕祖谦所说的"进德之要"。

朱熹的"知行互发"说，与王夫之的"知行相资以为用"的观点，精神上有相通之处。中国古代的知行之辨，明清之际的王夫之作了一个总结。知行关系在王夫之那里，有着比较正确的解决。他以为，像程朱那样讲"知先行后"，是把知与行割裂开来，是让人们停留在"知见"中，与圣人的教导是相违背的："知先行后，立一划然之次序，以困学者于知见之中。"(《尚书引义·说命中二》)"知行相资以为用"(《礼记章句》卷三一)这一命题，强调知与行是互相依赖、互相作用的，既不能把知行分离，也不能把二者等同。人们要获得知识就得与外界接触，并将得到的知识运用于行动中去。事情成功了，可判定知识的正确；事情失败了，就要怀疑知识的正确性。"知行相资以为用"在王夫之那里，是一个循环往复、不断前进的过程："由知而知所行,由行而行则知之,亦可云并进而有功。"(《读四书大全说》卷四)显然,朱熹的"知行互发"说,已被纳入了王夫之知行观中,成为其中的一部分。任何一个有价值的哲学思想,并不会随着时光的消逝而失去它的意义。它往往被包容在后起的哲学体系中,而最新哲学是以往各种有价值哲学的先行原则的结果。就此而言,朱熹的"知行互发"说,实为中国古代认识论发展史上重要的一环。

七、格知万象

　　朱熹小时候对探索宇宙的奥秘有着浓厚的兴趣。他观察自然现象,并试图了解其中之理,从孩提时开始,一直到知天命之年,没有停止过。北宋科学家沈括著有《梦溪笔谈》,朱熹不仅对其内容了如指掌,且常把沈括的见解与自己观察的结果作比较印证。他的宇宙演化说,与近代的"星云假说"与"水成说"有相似之处,但比欧洲人早了几百年。在天文学与地学这两个领域中,朱熹有着超越前人的地方。他观察海洋与陆地的变迁的现象后得出的结论,在古生物学史与地质学史上有着重要的地位。朱熹对风云、雨露、霜雪、雷电、冰雹、彩虹等自然现象,有过深入细致的观察,对天气现象的阐释中,洋溢着实事求是的科学精神。这同他的格物致知说以及重视实地考察的主张,有密不可分的内在联系。就朱熹的价值观而言,他的道德至上的价值判断,使他在对科学知识的评价上有着贬低的倾向。

某自五六岁,便烦恼道:"天地四边之外,是什么物事?"见人说四方无边,某思量也须有个尽处。如这壁相似,壁后也须有什么物事。其时思量得几乎成病。到而今也未知那壁后是何物。(卷九四)

虽草木亦有理存焉。一草一木,岂不可以格。如麻、麦、稻、粱,甚时种,甚时收,地之肥,地之硗,厚薄不同,此宜植某物,亦皆有理。(卷一八)

小道不是异端,小道亦是道理,只是小。

如农圃、医卜、百工之类,却有道理在。(卷四九)

狐性多疑,每渡河,须冰尽合,乃渡。若闻冰下犹有水声,则终不敢渡,恐冰解也。故黄河边人每视冰上有狐迹,乃敢渡河。又狐每走数步,则必起而人立,四望,立行数步,乃复走。走数步,复人立四望而行,故人性之多疑虑者,谓之狐疑。(卷一三八)

王丈云:"昔有道人云,笋生可以观夜气①。尝插竿以记之,自早至暮,长不分寸,晓而视之,已数寸矣。"次日问:"夜气莫未说到发生处?"曰:"然。然彼说亦一验也。"后在玉山僧舍验之,则日夜俱长,良不如道人之说。(卷一三八)

① 夜气:语本《孟子·告子上》:"夜气不足以存,则其违

禽兽不远矣。"意谓夜晚心里发出的善念不能存在,就离禽兽不远了。这里借用"夜气"一词,指夜里生长的情况。

> 且如天运流行,本无一息间断,岂解一月无阳!且如木之黄落时,萌芽已生了。不特如此,木之冬青者,必先萌芽而后旧叶方落。若论变时,天地无时不变。如《楞严经》①第二卷首段所载,非惟一岁有变,月亦有之;非惟月有变,日亦有之;非惟日有变,时亦有之,但人不知耳。此说亦是。(卷七一)

①《楞严经》:佛经名。唐般剌蜜帝译,十卷。主旨认为众生不明自家心中本来就有"性净妙体",因此流转生死苦海之中,所以应当修禅定以破各种世俗的颠倒之见识,通过由低向高的修行阶次,达到极尽妙觉的无上境地。

> 天地初间只是阴阳之气。这一个气运行,磨来磨去,磨得急了,便拶许多渣滓;里面无处

出,便结成个地在中央。气之清者便为天,为日月,为星辰,只在外,常周环运转。地便只在中央不动,不是在下。

清刚者为天,重浊者为地。

天运不息,昼夜辗转,故地摧在中间。使天有一息之停,则地须陷下。惟天运转之急,故凝结得许多渣滓在中间。地者,气之渣滓也,所以道"轻清者为天,重浊者为地"。

天以气而依地之形,地以形而附天之气。天包乎地,地特天中之一物尔。天以气而运乎外,故地摧在中间,隤然不动。使天之运有一息停,则地须陷下。(卷一)

天地始初混沌未分时,想只有水火二者。水之滓脚便成地。今登高而望,群山皆为波浪之状,便是水泛如此。只不知因甚时凝了。初间极软,后来方凝得硬。

问:"想得如潮水涌起沙相似?"曰:"然。水之极浊便成地,火之极清便成风霆雷电日星之属。"(卷一)

造化之运如磨,一面常转而不止。万物之生,似磨中撒出,有粗有细,自是不齐。又曰:"天地之形,如人以两碗相合,贮水于内。以手常常掉开,则水在内不出;稍住手,则水漏矣。"(卷一)

问:"地何故有差①?"曰:"想是天运有差,地随天转而差。今坐于此,但知地之不动耳,安知天运于外,而地不随之以转耶? 天运之差,如古今昏旦中星之不同,是也。"(卷八六)

① 差:不同。

天日月星皆是左旋①,只有迟速。天行较

急，一日一夜绕地一周三百六十五度四分度之一，而又进过一度。日行稍迟，一日一夜绕地恰一周，而于天为退一度。至一年，方与天相值在恰好处，是谓一年一周天。月行又迟，一日一夜绕地不能匝，而于天常退十三度十九分度之七。至二十九日半强，恰与天相值在恰好处，是谓一月一周天。月只是受日光。月质常圆，不曾缺，如圆毬，只有一面受日光。望日日在酉，月在卯，正相对，受光为盛。天积气，上面劲，只中间空，为日月来往。地在天中，不甚大，四边空。（卷二）

① 左旋：中国古代学者观察天体的运动，将自东向西旋转称为"左旋"，将自西向东旋转称为"右旋"。他们在恒星的运动方向上一致认同左旋，但对日月星辰的运动却有左旋说与右旋说之别。于后一方面，张载主张左旋说，后得到朱熹的支持，并在宋、元、明三朝风行数百年。

月体常圆无阙,但常受日光为明。初三四是日在下照,月在西边明,人在这边望,只见在弦光。十五六则日在地下,其光由地四边而射出,月被其光而明。月中是地影。月,古今人皆言有阙,惟沈存中①云无阙。(卷二)

① 沈存中:即沈括。沈括(1031—1095),字存中,北宋科学家、政治家、思想家。钱塘(今浙江杭州)人。宋神宗时参加王安石变法,担任过翰林学士、知延州等职。晚年筑梦溪园(位于今江苏镇江东郊),把平生见闻以笔记的形式记录下来,成《梦溪笔谈》一书。朱熹对此书钻研甚深,并充分认识到此书的价值。

问:"月本无光,受日而有光。季通云:'日在地中,月行天上。所以光者,以日气从地四旁周围空处迸出,故月受其光。'"先生曰:"若不如此,月何缘受得日光?方合朔①时,日在上,月在下,则月面向天者有光,向地者无光,

故人不见。及至望②时，月面向人者有光，向天者无光，故见其圆满。若至弦时③，所谓'近一远三'，只合有许多光。"（卷二）

① 合朔：指日月相会。古人以朔日为一月的开始，即阴历初一。　② 望：指阴历十五。这时地球在日月之间，月之受光面与地球相对，人便见到了满月。　③ 弦：有上弦与下弦。上弦在阴历初八前后，月西半暗东半明，自地面视月，月如弓形之半圆。下弦则相反，月东半暗西半明，也如弓形之半圆。

日蚀是日月会合处。月合在日之下，或反在上，故蚀。月蚀是日月正相照。伊川谓月不受日光，意亦相近。盖阴盛亢阳，而不少让阳故也。（卷二）

今世间有石头上出日月者，人取以为石屏。又有一等石上分明有如枯树者，亦不足怪

也。（卷六七）

要作地理图三个样子：一写州名，一写县名，一写山川名。仍作图时，须用逐州正斜、长短、阔狭如其地形，糊纸叶子以剪。（卷二）

小者大之影，只昼夜便可见。五峰云："一气大息，震荡无垠，海宇变动，山勃川湮，人物消尽，旧迹大灭，是谓洪荒之世。"常见高山有螺蚌壳，或生石中，此石即旧日之土。螺蚌即水中之物，下者却变而为高，柔者变而为刚。此事思之至深，有可验者。"阳变阴合而生水火木金土。"阴阳气也，生此五行之质。天地生物，五行独先。地即是土，土便包含许多金木之类。天地之间，何事而非五行？五行阴阳，七者滚合，便是生物底材料。（卷九四）

又问:"今推太极以前如此,后去又须如此。"曰:"固然。程子云:'动静无端,阴阳无始。'此语见得分明。今高山上多有石上蛎壳之类,是低处成高。又蛎须生于泥沙中,今乃在石上,则是柔化为刚。天地变迁,何常之有?"(卷九四)

风只如天相似。不住旋转。今此处无风,盖或旋在那边,或旋在上面,都不可知。如夏多南风,冬多北风,此亦可见。(卷二)

今近东之地,自是多风。如海边诸郡风极多,每如期而至,如春必东风,夏必南风,不如此间之无定。盖土地旷阔,无高山之限,故风各以方至。某旧在漳、泉验之,早间则风已生,到午而盛,午后则风力渐微,至晚则更无一点风色,未尝少差。盖风随阳气生,日方升则阳气生,至午则阳气盛,午后则阳气微,故风亦随而盛衰。如西北边多阴，非特高山障蔽之故，自是阳气到彼处衰谢。盖日到彼方午，则彼已甚晚，不久则落，故西边不甚见日。（卷八六）

霜只是露结成，雪只是雨结成。古人说露是星月之气，不然。今高山顶上虽晴亦无露。露只是自下蒸上。人言极西高山上亦无雨雪。

"高山无霜露，却有雪。某尝登云谷。晨起穿林薄中，并无露水沾衣。但见烟霞在下，茫然如大洋海，众山仅露峰尖，烟云环绕往来，山如移动，天下之奇观也！"或问："高山无霜露，其理如何？"曰："上面风渐清，风渐紧，虽微有雾气，都吹散了，所以不结。若雪，则只是雨遇寒而凝，故高寒处雪先结也。"（卷二）

问龙行雨之说。曰："龙，水物也。其出而

与阳气交蒸,故能成雨。但寻常雨是阴阳气蒸郁而成,非必龙之为也。'密云不雨,尚往也',盖止是下气上升,所以未能雨。必是上气蔽盖无发泄处,方能有雨。"(卷二)

凡雨者,皆是阴气盛,凝结得密,方湿润下降为雨。且如饭甑,盖得密了,气郁不通,四畔方有温汗。(卷七〇)

横渠云:"阳为阴累,则相持为雨而降。"阳气正升,忽遇阴气,则相持而下为雨。盖阳气轻,阴气重,故阳气为阴气压坠而下也。"阴为阳得,则飘扬为云而升。"阴气正升,忽遇阳气,则助之飞腾而上为云也。"阴气凝聚,阳在内者不得出,则奋击而为雷霆。"阳气伏于阴气之内不得出,故爆开而为雷也。"阳在外者不得入,则周旋不舍而为风。"阴气凝结于内,阳气

欲入不得,故旋绕于外不已而为风,至吹散阴气尽乃已也。(卷九九)

雪花所以必六出者,盖只是霰下,被猛风拍开,故成六出。如人掷一团烂泥于地,泥必溅开成稜瓣也。又,六者阴数,太阴玄精石[①]亦六稜,盖天地自然之数。(卷二)

① 太阴玄精石:石膏的晶体。

问:"雷电,程子曰:'只是气相摩轧。'是否?"曰:"然。"问:"或以为有神物。"曰:"气聚则须有,然才过便散。如雷斧之类,亦是气聚而成者。但已有渣滓,便散不得,此亦属'成之者性。'张子云:'其来也,几微易简;其究也,广大坚固。'即此理也。"

雷如今之爆杖,盖郁积之极而迸散者也。

十月雷鸣。曰:"恐发动了阳气。所以大雪为丰年之兆者,雪非丰年,盖为凝结得阳气在地,来年发达生长万物。"(卷二)

虹非能止雨也,而雨气至是已薄,亦是日色射散雨气了。(卷二)

正是阴阳交争之时,所以下雹时必寒。今雹之两头皆尖,有稜道。疑得初间圆,上面阴阳交争,打得如此碎了。"雹"字从"雨",从"包",是这气包住,所以为雹也。(卷二)

潮之迟速大小自有常。旧见明州人说,月加子午则潮长,自有此理。沈存中《笔谈》说亦如此。(卷二)

朱熹幼时就对自然界有浓厚的兴趣:"熹幼颖悟,

甫能言，父指天示之曰：'天也。'熹问曰：'天之上何物？'松（朱父）异之。"（《宋史·朱熹传》）到了晚年，朱熹对学生说起小时常提的烦恼问题："天地四边之外，是什么物事？"有人说是四方无边，"某思量也须有个尽处，如这壁相似，壁后也须有什么物事，其时思量得几乎成病。到而今也未知那壁后是何物。"（卷九四）可见，朱熹对自然现象的观察与思考是何等的执著。一个人从五六岁时就开始思考，并持续到晚年的问题，自是他极感兴趣的事情，并且必然会留下不灭的印痕来。从《朱子语类》的内容来看，不仅包括哲学、经学、史学、文学、乐律等人文知识，而且包括天文、地理、动物学、植物学、医学等自然科学知识。这些自然科学的内容，就是朱熹对自然界贯注一生的观察与思考的结晶。

朱熹41岁时，在答林择之的信中写道："竹尺一枚，烦以夏至日依古法立表，以测日中之景，细度其长短。"日影长度的测量，是古代重要的天文观测活动之一。比较简略的办法是，在地上立一概长八尺的表竹竿，通过测量日影的长短来确定节气。日影最短时为夏至，最长

时为冬至。朱熹要他的弟子林择之帮助测量日影,目的
是要比较不同地区日影的长短。

44 岁时,朱熹在答吕子约的信中写道:

> 日月之说,沈存中《笔谈》中说得好,日食时亦
> 非光散,但为物掩耳。若论其实,须以终古不易者
> 为体,但其光气常新耳。

存中是宋代著名科学家沈括的字。沈括一生的论著甚
多,最有影响的是《梦溪笔谈》,这是他晚年定居在镇江
梦溪园中,将他一生见闻和研究心得,用笔记体裁写下
的著作,内容涉及天文、历法、地理、地质、气象、物理、化
学、冶金、兵器、水利、建筑、动植物与医药等众多的领
域。朱熹仔细研读过《梦溪笔谈》,在许多地方对沈括
的科学主张作了进一步的阐明与发挥。以毕生精力研
究《梦溪笔谈》的胡道静先生认为,朱熹是宋代最为熟
悉《梦溪笔谈》内容,对其科学观点最为重视,并能进行
阐明与发挥的唯一学者。

朱熹在《楚辞集注》中认为,关于日月、星辰宇宙万物之"理","唯近代沈括所说,乃为得之"。依据《梦溪笔谈》,朱熹有月亮本无盈缺的主张:"月无盈缺,人看得有盈缺。盖晦日则人与日相叠了,至初三方渐渐离开动开,人在下面侧看见,则其光缺。至望日则月与日正相对,人在中间看见,则其光方圆。""月,古今人皆言有缺,惟沈存中云无缺。"(卷二)可见,朱熹不仅重视实地观察,还注重对同时代人科学著作的研读。

朱熹在天文学、地学等方面提出了一系列见解。

在天文学方面,首先他提出了以"气"为起点的宇宙演化学说。他认为:

> 天地初间只是阴阳之气。这一个气运行,磨来磨去,磨得急了,便拶许多渣滓;里面无处出,便结成个地在中央。气之清者便为天,为日月,为星辰,只在外,常周环运转。地便只在中央不动,不是在下。(卷一)

> 造化之运如磨,一面常转而不止。万物之生,

似磨中撒出,有粗有细,自是不齐。(卷一)

这里朱熹提出了两个颇有新意的见解。一是说,阴阳二气之间,不断地产生摩擦、碰撞("磨来磨去"),越向外则其气愈清,越向内则其气愈浊。结果,重浊之"气"凝聚在一起成为"渣滓","结成个地在中央";"气之清者"在地的周围,"便为天,为日月,为星辰"。这种无休止的摩擦碰撞,似从一个大磨子里,掼出了大小不同、粗细不等的渣滓,使形状有别、大小与粗细不同的万物得以萌生。二是说,阴阳之气的急剧旋转的运动,所产生的天地、日月、星辰等万物,"初间极软,后来方凝得硬"(卷一)。日月、星辰由软变硬的机制,朱熹虽未能说明,但如果不是阴阳二气之间的摩擦所产生的大量热能,日月、星辰等万物是不会先软后硬的。阴阳二气的运动,是宇宙能够演化的根本原因与动力。他把宇宙的初始状态当作是运动着的气团,这一思想与近代天文学关于太阳系起源的星云假说,颇有若干相类之处。星云假说认为,太阳系的天体是从一团固体尘埃微粒组成的弥漫星云中,通过万有引力作用逐渐形成的。要朱熹知道万有引力,是不切合实际的。朱熹对宇宙演化的解释,同他深入观察自然界气流旋转运动有关,是他归纳、概括、想象、推理的产物,不失为古人探讨天地成因的一种有价值的猜想。

其次,朱熹提出了地以"气"悬空于宇宙之中的宇宙结构论。朱熹赞同早期的浑天说,但作了重大的修改与发展。浑天说是古代的一种宇宙学说,主张球形的天穹裹着球形的大地,如同鸡蛋壳里裹着鸡蛋黄。东汉科学家张衡是浑天说的代表,他论述了浑天说的基本内容:"浑天如鸡子。天体圆如弹丸,地如鸡子中黄,孤居于内,天大而地小,天表里有水,天之包地,犹壳之裹黄。天地各乘气而立,载水而浮。"(《浑天仪图注》)但当天半绕地下时,日月星辰如何从水中通过,是早期浑天说难以解决的问题。朱熹不同意地"载水而浮"的主张。他说:

> 天以气而依地之形,地以形而附天之气。天包
> 乎地,地特天中之一物尔。天以气而运乎外,故地

公元 1437 年仿制的浑仪

近摧在中间，隤然不动。（卷一）

这是说，地因着"气"的关系而悬空在宇宙的中央。"地则气之渣滓，聚成形质者；但以其束于劲风旋转之中，故得以兀然浮空，甚久而不坠耳。"（《楚辞集注》）宇宙中不停顿地旋转着的"气"，是地能够悬空于宇宙中央的原因。这样朱熹就克服了以往天文学家关于宇宙结构学说的不足,解决了张衡以来浑天说"天表里有水"、"载水而浮"所带来的困难,把传统的浑天说提高到了一个新的水平。否定了以往从静态角度去观察宇宙结构的方法,而代之以新的动态宇宙结构学说。朱熹的天文学研究主要侧重于宇宙的结构,对于天文观测与历法方面的研究关注不够,这方面的研究也显得有些不足。

在地学方面的研究,朱熹也是相当突出的。他以为,同宇宙有一个形成过程一样,地球也有它自身的演化的过程:

> 天地始初混沌未分时,想只有水火二者。水之滓脚便成地。今登高而望,群山皆为波浪之状,便是水泛如此。只不知因甚时凝了。初间极软,后来方凝得硬。问:"想得如潮水涌起沙相似?"曰:"然。水之极浊便成地,火之极清便成风霆雷电日星之属。"(卷一)

据朱熹的观点,大地是在水的作用下通过沉积而形成的,日月、星辰是由火的作用而形成的。这与 18 世纪的水成说极为相似。水成说的集大成者、德国地质学家维尔纳以为,地球最初为原始的海洋所浸没,所有的岩层是在海中通过结晶化、化学沉淀和机械沉积而形成的。朱熹关于大地形成的主张,与水成说有着许多相似之处,但朱熹生活的时代要比水成论者早了五六个世纪。

关于地壳升降变迁的现象,《朱子语类》有这样一段记载:

> 五峰云:"一气大息,震荡无垠,海宇变动,山勃川湮,人物消尽,旧迹大灭,是谓洪荒之世。"常见高山有螺蚌壳,或生石中,此石即旧日之土。螺蚌即水中之物,下者却变而为高,柔者变而为刚。此事思之至深,有可验者。(卷九四)

朱熹复述胡宏的话,说波涛使大地发生不停息的震荡,令海洋与陆地发生剧烈的变动,有些地方突然升起山岳,有些地方却变成了河川,居住在这些地方的人们消失了,古代的痕迹也没有了。这就是人们所说的"洪荒之世"。接着朱熹讲了自己观察海洋与陆地变迁痕迹后的想法。他说经常见到高山上有螺蚌壳,有的被包裹在岩石中。这些岩石原先是泥土,螺蚌是古代生长在水中的生物。本来生活在水底的东西,现在跑到高处了;原先柔软的东西,现在变得很刚硬了。"常见"二字说明,朱熹的观察不是走马观花的,而是有心的、经常进行的。在经过深思熟虑和实地观察后,朱熹得出结论,过去的海洋现在变成了高山,旧日之土易为今日今石了。略早于朱熹的沈括对地表升降变迁的现象,也有过经典的描述:"山崖之间,往往衔螺蚌壳及石子如鸟卵者,横亘石壁如带,此乃昔之海滨。"(《梦溪笔谈》卷二四《杂志一》)沈括从化石的发现而推论到地层的形成,得出山崖是古代的海滨的结论来。朱熹直接从化石推论到海陆的变迁,又推论到岩石生成的原因,从而丰富了沈括的海陆变迁学说。中国科学技术史的权威、英国李约瑟博士指出,这段记载对古生物学史和地质学史来说,具有极其重要的意义。"朱熹当时就已经认识到,自从生物的甲壳被埋入海底软泥当中的那一天以来,海底已经逐渐升起而变为高山了。"(参见李约瑟:《中国科学技术史》第5卷第1册,266—267页,科学出版社1976年版)

朱熹据亲身观察,对风、云、雨、露、霜、雪、雷、虹、雹等天气现象,作出了比较合理的解释。按照朱熹的理解,气候和气象,是气在自然界运动变化时的各种不同表现形态或形状。他以阳气的盛衰来解释风力的大小。"风随阳气生,日方升则阳气生,至午则阳气盛,午后则阳气微,故风亦随而盛衰。"(卷八六)朱熹的解释,是基于直观的经验,并不能真正说明风力大小的原因,但表明朱熹对气候的观察是放在心间的,是他科学精神的体现。

在气象方面,朱熹用阴阳二气来解释雷电、云雨、霜雪、雹虹的成因。雷电发出的响声如同爆竹,朱熹以为这是阴阳二气相互磨轧的结果。阴气凝聚,逼迫阳气,阳气郁积而不能出,一旦达到极限便爆裂开来。阳气突破阴气的包围时,发出了爆竹一样的响声。在迸裂之时,出现了闪电。这绝不是什么民间迷信所说的神物所为。云雨的出现是因为阴气过于旺盛的结果。凝结得密的阴气,在湿润的情况下就下降为雨。如同做饭时加热,水蒸气遇冷而有"汗珠"一样。朱熹通过实地观察,认为霜是由露结成的。对程颐关于露是星月之气的主张,他是断然否定的。他说:

> 霜只是露结成,雪只是雨结成。古人说露是星月之气,不然。今高山顶上虽晴亦无露。露只是自下蒸上。(卷二)

文中所说的"古人"是指程颐。如果说露是星月之气,那么为什么高山顶上没有露呢? 这说明露是地上的阴阳之气蒸上而成的。要指明的是,朱熹以二程的传人而自豪,然而在客观事实面前,还是纠正了程颐所说的不确处,表现了朱熹实事求是的科学精神。

他以风来解释雪花为六角形的原因:"雪花所以必六出者,盖只是散下,被猛风拍开,故成六出。"(卷二)

这一理解当然并不确切。雪花成六角形,是气温超过零下 23 度后,水的结晶分子规则排列的结果。但这个发现,要到四五百年后才由开普勒完成。雹在朱熹看来,是阴阳交争时,阴胜阳而形成的。阴气胜而凝聚成雹,故下雹时天气必定阴寒。虹是雨后日光照射而成的,并没有止雨的功效。朱熹对虹的成因的论述是正确的:"虹非能止雨也,而雨气至是已薄,亦是日色射散雨气了。"(卷二)

由于月球和太阳引力的作用,海洋水面发生周期性的涨落。潮汐作为经常出现的自然现象,历来是古人观察的对象。沈括批评了潮汐是由日出没而激成的观点,坚持月亮对潮汐形成的决定性作用。朱熹继承了沈括的主张,以为潮水涌动的大小与速度是有规律性的:"潮之迟速大小自有常。旧见明州人说,月加子午则潮长,自有此理。沈存中《笔谈》说亦如此。"(卷二)"有常",就是有规律性可寻找,当是他实地观察后的结论。

仔细读一下《朱子语类》卷二,不难发现这一卷的内容,全是朱熹和他的学生在讨论自然现象及其规律。

如果朱熹对自然界的观察不感兴趣的话，那末他的学生是决计不会把天文历法、天体运行、气象变化、潮水涨退等方面内容记下来的。从穷究"物物各有理"的大前提出发，朱熹对自然现象观察之深入与结论所具的科学价值，至今还是令人叹赏的。

朱熹的科学思想，是他的"格物致知"理论在观察客观自然界时的具体应用。

> 王丈云："昔有道人云，笋生可以观夜气。尝插竿以记之，自早至暮，长不分寸，晓而视之，已数寸矣。"次日问："夜气莫未说到发生处？"曰："然。然彼说亦一验也。"后在玉山僧舍验之，则日夜俱长，良不如道人之说。（卷一三八）

这条材料说明，朱熹是身体力行地去格"一草一木"的。朱熹所以能在科学思想上有较多的创见，与他践履"格物致知"的主张而重视实地观察分不开。观察是人类进行科学研究的一种基本、常用的方法，是科学发现中的重要实践活动,是发现问题的前提,又是证实问题的手段。在近代实验方法兴起之前,观察是古代学者获取客观对象经验材料、数据以至事物本质认识的主要手段。

朱熹的科学精神毋庸置疑。但他对自然界的观察与思考不是以发现自然规律为目的。他最终要落实到"天理人伦"的治世之教上。他说:

> 如今为此学而不穷天理、明人伦、讲圣言、通世故,乃兀然存心于一草一木、器用之间,此是何学问!如此而望有所得,是炊沙而欲成其饭也。(《朱文公文集》卷三九《答陈齐仲》)

朱熹认为,自己的学说仅对那些实现存理灭欲以达到自身之"圣"为唯一追求的人来说,才具有真正的意义。因为这是正宗的学问,离开"天理人伦"的诉求,期望从"草木器皿"来求知,犹如烧沙子要得到米饭一样,是完全不可能的。朱熹"炊沙而欲成其饭"的比喻,是儒学也是理学把道德价值至上推向极端的体现。一个终生对自然感兴趣的思想家，因自身学说的价值判断而贬低了科学知识的获取。看似自相矛盾的事情，却是真实地体现了这位"明人伦、讲圣言"为最高目标的思想家的真实面貌。

八、读书心法

　　朱熹一生博览群书,著述宏富,是一位百科全书式的哲学家。"致广大,尽精微,综罗百代",全祖望对朱熹的这一评价应该说十分允当。读书的方法,朱熹对门人讲得很多,门人提问也不少。贯穿朱熹读书活动与治学态度的主心骨,是儒家三大崇拜之一的"圣人崇拜"。"圣人崇拜"在先秦时已经广泛存在,但在朱熹身上表现尤为突出。他以为,读书就是揣摩圣人之意,使自己的心与圣人之心打成一片。在如何读书上,朱熹提出"熟读"、"精思"、"怀疑"、"自得"八字法。八字法是朱熹读书心得的精华所在,不因时光的流逝而失去它弥足珍贵的价值。今天人们学习与思考、研究问题,完全可以运用这八字原则,从而较快地提高自己的见解与学识。

　　某十数岁时读《孟子》言"圣人与我同类者"①,喜不可言,以为圣人亦易做。今方觉得难。(卷一〇四)

　　①"圣人"句:语出《孟子·告子上》:"故凡同类者,举相似也,何独至于人而疑之? 圣人,与我同类者。"孟子从类概念出发,以为同类之物的属性大体相同。一般人与圣人,同属一个类,结论是"人皆可以为尧舜"。

　　读书以观圣贤之意;因圣贤之意,以观自然之理。

　　圣贤之言,须常将来眼头过,口头转,心头运。

　　开卷便有与圣贤不相似处,岂可不自鞭策。(卷一〇)

问："尝读何书?"曰："读《语》、《孟》。"曰："如今看一件书,须是著力至诚去看一番,将圣贤说底一句一字都理会过。直要见圣贤语脉所在,这一句一字是如何道理,及看圣贤因何如此说。直是用力与他理会,如做冤仇相似,理会教分晓,然后将来玩味,方是见得意思出来。若是泛滥看过,今次又见是好,明次又见是好,终是无功夫,不得力。"(卷一一七)

某尝说,自孔、孟灭后,诸儒不子细读得圣人之书,晓得圣人之旨,只是自说他一副当道理。说得却也好看,只是非圣人之意,硬将圣人经旨说从他道理上来。孟子说"以意逆志"①者,以自家之意,逆圣人之志。如人去路头迎接那人相似,或今日接著不定,明日接著不定;或那人来也不定,不来也不定;或更迟数日来也不定,如此方谓之"以意逆志"。今人读书,却不去等候迎接那人,只认硬赶捉那人来,更不由他情愿;又教它莫要做声,待我与你说道理。圣贤已死,它看你如何说,他又不会出来与你争,只是非圣贤之意。他本要自说他一样道理,又恐不见信于人。偶然窥见圣人说处与己意合,便从头如此解将去,更不子细虚心,看圣人所说是如何。正如人贩私盐,担私货,恐人捉他,须用求得官员一两封书,并掩头行引,方敢过场、务,偷免税钱。今之学者正是如此,只是将圣人经书,拖带印证己之所说而已,何常真实得圣人之意?却是说得新奇巧妙,可以欺惑人,只是非圣人之意。此无他,患在于不子细读圣人之书。人若能虚心下意,自莫生意见,只将圣人书玩味读诵,少间意思自从正文中迸出来,不待安排,不待杜撰。如此,方谓之善读书。(卷一三七)

① 以意逆志：语出《孟子·万章上》："故说诗者，不以文害辞，不以辞害志。以意逆志，是为得之。"意谓说，解释诗的人，不要拘泥于文字而误解词句，也不要限定词句而误解原意。应以自己的体会，去推测作者的本意。逆，揣测。

读书须是虚心，方得。圣人说一字是一字，自家只平著心去秤停他，都不使得一毫杜撰，只顺他去。某向时也杜撰说得，终不济事。如今方见得分明，方见圣人一言一字不吾欺。只今六十一岁，方理会得恁地。若或去年死，也则枉了。自今夏来，觉见得才是圣人说话，也不少一个字，也不多一个字，恰恰地好，都不用一些穿凿。（卷一一四）

圣人言语如千花，远望都见好。须端的真见好处，始得。须着力子细看。工夫只在子细看上，别无术。

圣人言语皆枝枝相对，叶叶相当，不知怎生

排得恁地齐整。今人只是心粗，不子细穷究。若子细穷究来，皆字字有着落。（卷一〇）

《尧曰》①一篇，某也尝见人说来，是夫子尝诵述前圣之言，弟子类记于此。先儒亦只是如此说。然道理紧要却不在这里，这只是外面一重，读书须去里面理会。譬如看屋，须看那房屋间架，莫要只去看那外面墙壁粉饰。如吃荔枝，须吃那肉，不吃那皮。公而今却是剥了那肉，却吃那皮核！读书须是以自家之心体验圣人之心。少间体验得熟，自家之心便是圣人之心。某自二十时看道理，便要看那里面。尝看上蔡《论语》②，其初将红笔抹出，后又用青笔抹出，又用黄笔抹出，三四番后，又用墨笔抹出，是要寻那精底。看道理，须是渐渐向里面寻到那精英处，方是。（卷一二〇）

①《尧曰》:《论语》中的一篇。《论语》的篇名,多以这一篇的开头两字来定。如《学而》篇,开头为"学而时习之"。② 上蔡: 指谢良佐。《论语》:即谢良佐撰写的《论语说》。谢良佐(1050—1130),北宋学者,字显道,上蔡(今属河南)人,学者称上蔡先生。

大抵观书先须熟读,使其言皆若出于吾之口;继以精思,使其意皆若出于吾之心,然后可以有得尔。然熟读精思既晓得后,又须疑不止如此,庶几有进。若以为止如此矣,则终不复有进也。

书须熟读。所谓书,只是一般。然读十遍时,与读一遍时终别;读百遍时,与读十遍又不同也。(卷一〇)

书只贵读,读多自然晓。今即思量得,写在纸上底,也不济事,终非我有,只贵乎读。这个不知如何,自然心与气合,舒畅发越,自是记得牢。纵饶熟看过,心里思量过,也不如读。读来读去,少间晓不得底,自然晓得;已晓得者,越有滋味。若是读不熟,都没这般滋味。而今未说读得注,且只熟读正经,行住坐卧,心常在此,自然晓得。尝思之,读便是学。夫子说"学而不思则罔,思而不学则殆"①,学便是读。读了又思,思了又读,自然有意。若读而不思,又不知其意味;思而不读,纵使晓得,终是扤陧不安。②一似倩得人来守屋相似③,不是自家人,终不属自家使唤。若读得熟,而又能思得精,自然心与理一,永远不忘。(卷一〇)

①"学而"句:语出《论语·为政》。意谓学习而不思考会使人迷惘,只思索而不学习是很危险的。 ②扤(wù)陧(niè):不安的样子。语出《周易·困卦》,原作"陧扤"。③倩:请人代自己做事。

学者须理会道理,当深沉潜思。又曰:"读

书如炼丹，初时烈火煅煞，然后渐渐慢火养。又如煮物，初时烈火煮了，却须慢火养。读书初勤敏著力，子细穷究，后来却须缓缓温寻，反复玩味，道理自出。又不得贪多欲速，直须要熟。工夫自熟悉中出。"（卷一一四）

看文字，却是索居独处好用工夫，方精专，看得透彻，未须便与朋友商量。某往年在同安日①，因差出体究公事处，夜寒不能寐，因看得子夏②论学一段分明。后官满，在郡中等批书，已遣行李，无文字看，于馆人处借得《孟子》一册熟读，方晓得"养气"一章③语脉。当时亦不暇写出，只逐段以纸签签之云，此是如此说。签了，便看得更分明。后来期间虽有修改，不过是转换处，大意不出当时所见。（卷一〇四）

---

① 在同安日：指朱熹在同安任县主簿时。　② 子夏：姓

卜,名商。孔子学生,以文学见长。《礼记》中有子夏论文学之辞。 ③"养气"一章:见于《孟子·公孙丑上》。孟子自己说,他有两个特长:"我知言,我善养吾浩然之气。"知言,善于论辩;浩然之气,指人的心态,类似于今天所说的理直气壮的精神。

曰:"大凡事物须要说得有滋味,方见有功。而今随文解义,谁人不解?须要见古人好处。如昔人赋梅云:'疏影横斜水清浅,暗香浮动月黄昏。'这十四个字,谁人不晓得?然而前辈直恁地称叹,说他形容得好,是如何?这个便是难说,须要自得言外之意始得,须是看得那物事有精神,方好。若看得有精神,自是活动有意思,跳踯叫唤,自然不知手之舞,足之蹈。这个有两重:晓得文义是一重,识得意思好处是一重。"(卷一一四)

为学读书,须是耐烦细意去理会,切不可

粗心。若曰何必读书，自有个捷径法，便是误人底深坑也。未见道理时，恰如数重物色包裹在里许，无缘可以便见得。须是今日去了一重，又见得一重；明日又去了一重，又见得一重。去尽皮，方见肉；去尽肉，方见骨；去尽骨，方见髓。使粗心大气不得。（卷一○）

谓器之看《诗》，病于草率。器之云："如今将先生数书循环看去。"曰："都读得了，方可循环再看。如今读一件书，须是真个理会得这一件了，方可读第二件；读这一段，须是理会得这一段了，方可读第二段。少间渐渐节次看去，自解通透。只五年间，可以读得经子诸书，迤逦①去看史传，无不贯通。韩退之所谓'沈潜乎训义，反复乎句读'②，须有沈潜反覆之功，方得。所谓'审问之'，须是表里内外无一毫之不尽，方谓之审。恁地竭尽心力，犹有见未到处，却不奈

何。如今人不曾竭尽心力,只见得三两分了,便草草揭过,少间只是鹘突无理会,枉著日月,依旧似不曾读相似。"(卷一〇四)

① 迤逦:陆陆续续。意谓看懂经、子两部的书,再去看史部的书。 ② "沈潜"句:出自韩愈《上兵部李侍郎书》。沈潜,浸润。训义,解说宗旨。句读,文章的休止和停顿之处。

看道理,若只恁地说过一遍便了,则都不济事。须是常常把来思量,始得。看过了后,无时无候,又把起来思量一遍。十分思量不透,又且放下,待意思好时,又把起来看。恁地,将久自然解透彻,延平先生尝言①:"道理须是日中理会,夜里却去静处坐地思量,方始有得。"某依此说去做,真个是不同。(卷一〇四)

① 延平先生:指李侗(1093—1163),南宋学者,为程颐的三传弟子。字愿中,世称延平先生。朱熹三十岁那年,恭执弟

子礼于李侗门下。李侗为学要旨为"理一分殊"与"主静",这对朱熹思想的形成与逃禅归儒的转变,有很大的影响。

读书,须是看着他那缝罅处,方寻得道理透彻。若不见得缝罅,无由入得。看见缝罅时,脉络自开。

学者初看文字,只见得个浑沦物事。久久看作三两片,以至于十数片,方是长进。如庖丁解牛,目视无全牛①,是也。

读书,须是穷究道理彻底。如人之食,嚼得烂,方可咽下,然后有补。

"学者读书,须是于无味处当致思焉。至于群疑并兴,寝食俱废,乃能骤进。"因叹:"骤进二字,最下得好,须是如此。若进得些子,或进或退,若存若亡,不济事。如用兵相杀,争得些儿小可一二十里地,也不济事。须大杀一番,方是善胜。为学之要,亦是如此。"(卷一〇)

①"庖丁"句:典出《庄子·养生主》。庖丁为文惠君宰牛,剖牛时发出的声音,无不合乎音节。他对文惠君说,初剖牛时,看见是整头的牛;三年以后,眼中再也没有看见全牛了。意谓对牛的各个部位非常熟悉,剖牛只用心神来领会便可。后世用此典故,说明技艺熟练已达炉火纯青的地步。

读书须是子细,逐句逐字要见着落。若用工粗卤,不务精思,只道无可疑处。非无可疑,理会未到,不知有疑尔。(卷一○)

凡看文字,诸家说异同处最可观。某旧日看文字,专看异同处。如谢上蔡之说如彼,杨龟山之说如此,何者为得?何者为失?所以为得者是如何?所以为失者是如何?

某寻常看文字都曾疑来。如上蔡《观复堂记》①、文定②《答曾吉甫书》,皆曾把做孔、孟言语一般看。久之,方见其未是。每一次看透一件,便觉意思长进。不似他人只依稀一见,谓

其不似,便不复看;不特不见其长处,亦不见其短处。(卷一〇四)

①《观复堂记》:谢良佐著,内容多为讲论禅学。　②文定:胡安国。胡安国(1074—1138),南宋学者,经学家。撰有《春秋传》,明初被钦定为取士的教科书。在南宋初期,他在传播二程理学上起过重要作用。

某向时与朋友说读书,也教他去思索,求所疑。近方见得,读书只是且恁地虚心就上面熟读,久之自有所得,亦自有疑处。盖熟读后,自有窒碍,不通处是自然有疑,方好较量。今若先去寻个疑,便不得。

读书无疑者,须教有疑;有疑者,却要无疑,到这里方是长进。(卷一一)

曰:"读书之法,须识得大义,得他滋味。没要紧处,纵理会得也无益。大凡读书,多在讽诵中见义理。况《诗》又全在讽诵之功,所谓‘清庙之瑟,一唱而三叹’①,一人唱之,三人和之,方有意思。又如今诗曲,若只读过,也无意思;须是歌起来,方见好处。"因说:"读书须是有自得②处。到自得处,说与人也不得。"(卷一○四)

①"清庙"二句:意谓《诗经》有如宗庙的奏瑟之声,有一唱三叹之妙。 ②自得:自己的独特体会,为他人所无。自得的主张,最早是孟子提出的:"君子深造之道,欲其自得之也。"(《孟子·离娄下》)意谓君子依照正确的方法去得到高深的造诣,就必定要求君子自觉地有所体会。

古人学问只是为己而已,圣贤教人,具有伦理。学问是人合理会底事。学者须是切己,方有所得。今人知为学者,听人说一席好话,亦解开悟;到切己工夫,却全不曾做,所以悠悠岁月,无可理会。若使切己下工,圣贤言语虽

散在诸书，自有个通贯道理。须实有见处，自然休歇不得。（卷一一六）

一日拜别，先生曰："归去各做工夫，他时相见，却好商量也。某所解《语》、《孟》和训诂注在下面，要人精粗本末，字字为咀嚼过。此书，某自三十岁便下工夫，到而今改犹未了。不是草草看者，且归子细。"（卷一一六）

曰："且自勉做工夫。学者最怕因循，莫说道一下便要做成。今日知得一事亦得，行得一事亦得，只要不间断，积累之久，自解做得彻去。若有疑处，且须自去思量，不要倚靠人，道待去问他。若无人可问时，不成便休也！人若除得个倚靠人底心，学也须会进。"（卷一一三）

学者不可只管守从前所见，须除了，方见

新意。如去了浊水,然后清者出焉。(卷一一)

　　读书之法,既先识得他外面一个皮壳了,又须识得他里面骨髓方好。如公看《诗》,只是识得个模样如此,他里面好处,全不见得。自家此心都不曾与他相黏,所以眊燥①,无汁浆。如人开沟而无水,如此读得何益!未论读古人书,且如一近世名公诗,也须知得他好处在那里。如何知得他好处?亦须吟哦讽咏而后得之。今人都不曾识:好处也不识,不好处也不识;不好处以为好者有之矣,好者亦未必以为好也。其有知得某人诗好,某人诗不好者,亦只是见已前人如此说,便承虚接响说取去。如矮子看戏相似,见人道好,他也道好。及至问著他那里是好处?元不曾识。举世皆然,只是不曾读,熟读后自然见得。(卷一一六)

① 眊燥:眼睛失神。

问:"'鸢飞鱼跃'①,南轩云:'鸢飞鱼跃',
天地之中庸也。"曰:"只看公如此说,便是不曾
理会得了。莫依傍他底说,只问取自家是真实
见得不曾?自家信,是信得个甚么?这个道
理,精粗小大,上下四方,一齐要著到,四边合
围起理会,莫令有些子走透。少间方从一边理
会得,些小有个见处,有个入头处。若只靠一
边去理会,少间便偏枯了,寻捉那物事不得。
若是如此悠悠②,只从一路去攻击他,而又不曾
著力,何益于事!"(卷一一六)

① 鸢飞鱼跃:出自《诗经·大雅·旱麓》:"鸢飞戾天,鱼
跃于渊。"意谓老鹰在天上翱翔,鱼儿在水中跳跃,喻万物各得
其所。此一诗句是理学家经常讨论的话题。 ② 悠悠:懒散
不经心的样子。

胡叔器患精神短。曰："若精神少,也只是做去。不成道我精神少,便不做。公只是思索义理不精,平日读书只泛泛地过,不曾贴里细密思量。公与安卿之病正相反。安卿思得义理甚精,只是要将那粗底物事都掉了。公又不去义理上思量,事物来,皆奈何不得。只是不曾向里去理会。如入市见铺席上都是好物事,只是自家没钱买得;如书册上都是好说话,只是自家无奈他何。如黄兄前日说忠恕①。忠恕只是体用,只是一个物事,犹形影,要除一个除不得。若未晓,且看过去,那时复把来玩味,少间自见得。"(卷一二〇)

① 忠恕:语出《论语·里仁》。曾参说:"夫子之道,忠恕而已矣。"忠是为人尽力,恕是推己及人。

叔器道:"安之在远方。望先生指一路脉,

去归自寻。"曰:"见行底便是路,那里有别底路来? 道理星散在事物上,却无总在一处底。而今只得且将《论》、《孟》、《中庸》、《大学》熟看。如《论语》上看不出,少间就《孟子》上看得出。《孟子》上底,只是《论语》上底,不可道《孟子》胜《论语》。只是自家已前看不到,而今方见得到。"

又问:"'优游涵泳,勇猛精进'①字如何?"曰:"也不须恁地立定牌牓,也不须恁地起草,只做将去。"

又问:"应事当何如?"曰:"士人在家有甚大事? 只是著衣吃饭,理会眼前事而已。其他天下事,圣贤都说十分尽了。今无他法,为高必因丘陵,为下必因川泽,自家只就他说话上寄搭些工夫,便都是我底。某旧时看文字甚费力。如《论》、《孟》,诸家解有一箱,每看一段,必检许多,各就诸说上推寻意脉,各见得落著,然后断其是非。是底都抄出，一两字好亦抄出。虽未如今《集注》②简尽，然大纲已定。今《集注》只是就那上删来，但人不著心，守见成说，只草草看了。今试将《精义》③来参看一两段，所以去取底是如何，便自见得。大抵事要思量，学要讲。如古人一件事，有四五人共做。自家须看那人做得是，那人做得不是。又如眼前一件事，有四五人共议，甲要如此，乙要如彼。自家须见那人说得是，那人说得不是。便待思量得不是，此心曾经思量一过，有时那不是底发我这是底。如十个物事，团九个不著，那一个便著，则九个不著底，也不是枉思量。又如讲义理有未通处，与朋友共讲。十人十样说，自家平心看那个不是。或他说是底，却发得自家不是底；或十人都说不是，有时因此发得自家是底。所以适来说，有时是这处理会得，有时是那处理会得，少间便都理会得。只

是自家见识到,别无法。学者须是撒开心胸,
事事逐件都与理会过。未理会得底,且放下,
待无事时复将来理会,少间甚事理会不得!"
(卷一二〇)

①"优游"句:出自《无量寿经》。意谓深入体会,猛进不
已。 ②《集注》:即《四书章句集注》。 ③《精义》:即《四
书精义》,朱熹汇集关于《四书》的各种注解,特别是二程及其
弟子的注解编撰而成。

朱熹一生读书,自述"出入无数文字"(卷一〇四),
其学识之渊博实为同时代学者中之翘楚。于儒、佛、道
三家,以及兵法、文学、自然科学等领域,朱熹均分别做
过两大册的读书笔记。这些笔记包含了朱熹大量的独
特思考,对今人的学习与研究,无疑很有帮助。

读书的目的是什么? 朱熹讲得很干脆:"读书以观
圣贤之意。"(卷一〇)对圣贤的顶礼膜拜,终朱熹一生
可谓始终不渝。无论是在做人的理想上,还是治学的态

度上,抑或对门人的教育方面,"圣人崇拜"像一条红线一样贯穿其中。打开《朱子语类》,扑面而来的尽是"圣人"、"圣贤"、"夫子"等字眼。

朱熹对圣人的推崇,具体来说有以下四个方面的内容。

首先,立志做圣人。

> 某十数岁时读《孟子》言"圣人与我同类者",喜不可言,以为圣人亦易做。今方觉得难。(卷一〇四)

孔子虽然也说过"有教无类",但"类"这一概念在孔子思想中尚未成为一个重要范畴。到孟子那里,"类"概念才成为逻辑思维的出发点。孟子以为,分析任何一个问题,首要的是知类,即承认任何同类的事物都有共同的属性:"故凡同类者,举相似也。何独至于人而疑之?圣人,与我同类者。"(《孟子·告子上》)"圣人之于民,亦类也。"(《孟子·公孙丑上》)所以孟子的结论是:"人皆可以为尧舜。"(《孟子·告子下》)这就从理论上论证了,每一个人都有成为圣人的可能性。朱熹小时读到孟子的这句话,以为做圣人是平易的事情,自然是喜出望外的。随着个人阅历的增长,朱熹深切地感到,成为圣人何其难也。困难没有阻挡住朱熹对圣人的向往,而是更多地付诸于努力。

第二,提倡读圣贤书。朱熹以为,读了六经,就能获得全面的知识。他在《建宁府建阳县学藏书记》中说:

> 古之圣人,作为六经,以教后世。《易》以通幽明之故,《书》以纪政事之实,《诗》以导情性之心,《春秋》以示法戒之严,《礼》以正行,《乐》以和心,其于义理之精微,古今之得失,所以该贯发挥,究穷极,可谓盛矣。

从整体上看,圣人已经将客观世界的"幽明之故",以及人类社会中的政治、法律、道德、诗歌、音乐这些领域中的"义理",还有社会历史的得失,作了充分的总结。学习圣人的这些教训,就是读书的真正目的所在。在

朱熹脑海中,圣人的话句句是至理,字字皆美妙,一定
要花工夫,认真深入地去研究它:

> 圣人言语如千花,远望都见好。须端的真见好
> 处,始得。须着力子细看。工夫只在子细看上,别
> 无术。
>
> 圣人言语皆枝枝相对,叶叶相当,不知怎生排
> 得恁地齐整。今人只是心粗,不子细穷究。若子细
> 穷究来,皆字字有着落。(卷一〇)
>
> 圣人言语,皆天理自然。本坦易明白在那里。
>
> (卷一一)

朱熹心目中的圣人,主要是孔孟。后学的任务就是要虚
心地去钻研。

第三,反对"将圣人经书,拖带印证己之所说"。

> 某尝说,自孔、孟灭后,诸儒不子细读得圣人之
> 书,晓得圣人之旨,只是自说他一副当道理。说得

却也好看,只是非圣人之意,硬将圣人经旨说从他那道理上来。(卷一三七)

朱熹尖锐地指出,自从孔孟去世以后,"诸儒"没有从根本上理会"圣人之旨",而是强圣就我。他们把自己的意思强说成是圣人之本意,如同做私盐买卖的贩子,为了蒙混过关,从政府官员那里弄到一些文书,作为自己的通行证一样。"诸儒"这样做的目的,是怕别人不相信自己的主张。这种"将圣人经书,拖带印证己之所说"的方法,不是善于读书的方法,"何尝真实得圣人之意"(卷一三七)。

第四,强调"以自家之心体验圣人之心"。

《尧曰》一篇,某也尝见人说来,是夫子尝诵述前圣之言,弟子类记于此。先儒亦只是如此说。然道理紧要却不在这里,这只是外面一重,读书须去里面理会。譬如看屋,须看那房屋间架,莫要只去看那外面墙壁粉饰。如吃荔枝,须吃那肉,不吃那

皮。公而今却是剥了那肉,却吃那皮核! 读书须是
以自家之心体验圣人之心。少间体验得熟,自家之
心便是圣人之心。(卷一二〇)

《论语》中的《尧曰》篇,内容是孔子讲述前圣的事迹。
朱熹以为,仅仅知道这一点,还是表层的东西,实质性的
道理不在于此。如看房子,不能只看外面的粉饰;吃荔
枝,要剥皮吃肉。他经常教导学生说,书中的道理蕴藏
在里面:"须是今日去了一重,又见得一重;明日又去了
一重,又见得一重。去尽皮,方见肉;去尽肉,方见骨;去
尽骨,方见髓。"(卷一〇)去皮见肉、去肉见骨、去骨见
髓,是比喻读书有个从外到内、从粗到细、从末到本的渐
进过程。读书没有捷径可走的。读书就是要学做圣人,
自己的言行举止向圣人靠拢。在这一方面,朱熹一生是
身体力行的。那本流传极广、被明清两朝钦定为取士教
科书的《四书章句集注》,花了他四十年的心血,前后七
易其稿。"某所解《语》、《孟》和训诂注在下面,要人精
粗本末,字字为咀嚼过。此书,某自三十岁便下工夫,到

而今改犹未了。不是草草看者,且归子细。"(卷一一六)这段话是朱熹68岁时所说。他从34岁对《论语》、《孟子》二书作注释,到68岁时表示还要修改。这种精益求精的治学态度,是令人敬仰的。支配他这样做的精神支柱是圣人崇拜,那就是"读书须是以自家之心体验圣人之心",等到体验得熟了,就会发生一个境界的切换,"自家之心便是圣人之心"。当然,这只是朱熹自己的说法。其实朱熹也是用自己的思想去诠释《论语》与《孟子》的。《论语》与《孟子》中何尝有"天理"论,何尝有存理灭欲的禁欲主义呢?

如何实现境界的转换呢?换言之,朱熹有哪些独特的读书方法呢?朱熹说:

> 大抵观书先须熟读,使其言皆若出于吾之口;继以精思,使其意皆若出于吾之心,然后可以有得尔。然熟读精思既晓得后,又须疑不止如此,庶几有进。若以为止如此矣,则终不复有进。(卷一〇)

类似的话，屡屡见于朱熹对门人的教导中。"熟读"、"精思"、"怀疑"、"自得"（"有进"）这八个字，可以说是凝聚着朱熹一生心血的读书、问学的"不二法门"。

第一，书贵熟读。

俗语说："读书百遍，其义自见。"朱熹要求反复诵读，在他看来，一篇文章、一本书读一遍与读十遍、读十遍与读百遍，感受是有很大区别的。当人们对阅读对象还是非常生疏的时候，是谈不上琢磨内中义理的。这里说说笔者个人的见闻和体验。二十年前，在黄宗羲的学术讨论会，我读到一篇关于黄宗羲《易学象数论》的论文，当时觉得很惊讶。众所周知，《易学象数论》是黄宗羲最难读的著作。黄宗羲曾自言，这是屠龙之术，能跟他学习的人也只有一位而已。本人虽著有《黄宗羲与中国文化》一书，但苦于对"象数论"很陌生，只好将黄宗羲的易学思想付之阙如。于是，我就私下问那篇论文的作者是如何啃下这本至今还少有人问津的著作的。他说研究易学的前提，是先要把《周易》背得滚瓜烂熟。他在家中墙壁上，贴满抄有《周易》的纸张，以便随时随地诵读《周易》。看来，这位作者是深得朱熹"熟读"之法的。朱熹"熟读"法的确是很精辟的见解。朱熹有个很妙的比喻，说读书如同炼丹，先用烈火煎熬，后以文火慢养。"直须要熟，工夫自熟中出"，"子细穷究，后来却须缓缓温寻，反复玩味，道理自出。"（卷一一四）不能浮光掠影，更不能贪多欲速，否则就会消化吸收不了。熟读的目的，是"使其言皆若出于吾之口"（卷一〇）。

第二，沉潜精思。朱熹说：

> 夫子说"学而不思则罔，思而不学则殆"，学便是读。读了又思，思了又读，自然有意。若读而不思，又不知其意味；思而不读，纵然晓得，终是虺虺不安。一似倩得人来守屋相似，不是自家人，终不属自家使唤。若读得熟，而又能思得精，自然心与理一，永远不忘。（卷一〇）

朱熹引孔子"学而不思则罔，思而不学则殆"来立论。孔子强调，学习与思考应当结合起来。朱熹则告诫学生,诵读不能单纯为了追求"一唱而三叹"的音韵美,也不能像"和尚念经,有口无心"那样,不放心思在阅读对象上。学了不思考,就像请人看家一样,请来的人因不是自家人,终是隔着一层。意思是说,只有反复阅读与思考,才能将书中的内容真正化为己有,供自己随意支配。

对如何精思,朱熹认为要注意三个方面:一是不能停留在随文解义的水平,而要看出文字背后的"大义"来:"读书之法,须识得大义,得他滋味。"(卷一一六)"大义"即宗旨,是书的命门所在。要把握一本书、一家学说的宗旨,不能只是眼到、口到,还必须心到。心到就是精思。二是以思考为一个反复的过程,不是思考一下就完事了。"看道理,若只恁地说过一遍便了,则都不济事。须是常常把来思量,始得。"韩愈在这方面作出了榜样,"沈潜乎训义,反复乎句读"。故朱熹强调,思考一定"须有沉潜反复之功"(卷一○四)。人们在学习时,经常遇到这样的情况,即书中的道理不是一下子能够弄通的。朱熹认为,这个时候就得暂时放下,等到有

武夷精舍

了转机后再去思索。这一见解是非常合乎思维规律的。
经常写文章的人,往往有这样的情况,写到某一段时被
卡住了,无法继续。唯一的办法是,先搁一搁再说。或
许要再补充些知识,或许待思路理清楚了,才能续写下
去。此即朱熹所说的,"待意思好时,再起来看"(卷一
〇四)之意。三是讲要运用比较法来进行精思。"凡看
文字,诸家说异同处最可观。某旧日看文字,专看异同
处。"(卷一〇四)对各家学说的著作,应该仔细思考他

们之间的不同处与相同处。哪一家说得对？哪一家说错了？还要追究其对错的原委所在。比较是一种确定对象之间差异点和共同点的方法。大千世界中林林总总的事物，其间差异与同一的客观存在，是比较法得以有生命力的基础。书籍作为人类精神的产品，它记载了历史上众多的各家学说，这些学说肯定有着差异与同一之处。朱熹以为，只有进行了比较，自己的学识才能有所长进。

第三，疑则有进。朱熹说：

> 读书须是子细，逐句逐字要见着落。若用工粗卤，不务精思，只道无可疑处。非无可疑，理会未到，不知有疑尔。(卷一〇)

朱熹认为，"务精思"的人，就会发现"可疑"。如果"用工粗卤"、"理会未到"，才会产生"不知有疑"的情况。朱熹的怀疑精神，可从二个角度来分析。

一是说，不要轻信前人的成说，强调应该有自己的主见,要敢于怀疑。他常对学生反复地讲明:"且自勉做工夫,学者最怕因循"(卷一一三)、"莫依傍他底说,只问取自家是真实见得不曾?"(卷一一六)否则就像矮子看戏,别人说好,他跟着说好。"尽信《书》,则不如无《书》。"(《孟子·尽心下》)此言所以为后世津津乐道,在于孟子以理性主义的清醒态度,不对前人的精神产品作形而上学的凝固化理解。朱熹继承了孟子的怀疑精神,并极力向学生传播:"某向时与朋友说读书,也教他去思索,求所疑。"(卷一一)怀疑产生于事实和概念、主体和客体不一致的时候。任何学说、思想、著作一旦成为人类共同的精神产品后,其客观性不仅表现在它的物化形态的载体上,如书籍、录音带、光碟等,而且还体现在它的客观内容方面。当主体感到前人的理论难以验证或缺乏说服力时,疑窦便会随之而生。这就是朱熹所说的,"不通处自然好疑"。

二是说,怀疑是见识长进的前提,怀疑愈多,进步愈快。

"学者读书，须是于无味处当致思焉。至于群疑并兴，寝食俱废，乃能骤进"。因叹："骤进二字，最下得好，须是如此。若进得些子，或进或退，若存若亡，不济事。如用兵相杀，争得些儿小可一二十里地，也不济事。须大杀一番，方是善胜。为学之要，亦是如此。"(卷一〇)

怀疑为学识长进的前提，这得从怀疑的内在机制说起。人们出于种种因素的考虑，或由于诸多条件的局限，极易把主体获得的经验与概念作绝对化的理解，从而把主体的主观意见当成是范围百家的客观真理，这样就产生了凝固与僵化的现象。要破除这种思维的形而上学凝固性，就得靠怀疑。怀疑是超越的起点。一个人要想学有所得，有所建树，就不能跟在别人后面人云亦云，而要善于否定。"因循"、"依傍"就是思维方式凝固性。人能疑惑，故人能卓见。"群疑并兴，乃能骤进"，是说怀疑大量产生时，即是学识突飞猛进时。如同打仗一样，多占了一二十里地，不能算大胜。一定要彻底打败对方,才能说是真正的胜利,"为学之要,也是如此"。

不能说朱熹是个怀疑主义者,他对"有疑"与"无疑"是辩证理解的:"读书无疑,须教有疑;读书有疑,却要无疑,到这里方是长进。"(卷一一)朱熹没有落进什么都不相信的怀疑主义泥坑。

明清之际的启蒙思想家黄宗羲对程朱理学多有批评,但对朱熹的思维方式还是给予了充分的肯定:"二程不以汉儒不疑而不敢更定,朱子不以二程已定而不敢复改。"(《黄宗羲全集》第九册《陈乾初先生墓志铭最后改本》)意思是说,二程不重蹈汉儒重文字、训诂之陈规,而重在义理之阐发,有自家体会出来的东西;朱熹虽为二程的四传弟子,但对师说不持形而上学凝固化的态度,而敢于"复改"。朱熹能够"复改"二程学说的前提,就是抱着"须教有疑"、"群疑并兴"的态度。黄宗羲深知怀疑的奥秘,主张怀疑是一个人觉悟的先机:"小疑则小悟,大疑则大悟,不疑则不悟。"(《黄宗羲全集》第九册《答董吴仲论学书》)这个主张,与朱熹所说有异曲同工之妙。黄宗羲与朱熹,都涉及了新思想所产生的先

决条件,即任何一种富有个性特色的新学说的产生,是
离不开怀疑这一思维方式的。

第四,须有自得。朱熹说:

> 读书须是有自得处。自得处,说与人也不得。
> (卷一〇四)

> 某旧时看文字甚费力。如《论》、《孟》,诸家解
> 有一箱,每看一段,必检许多,各就诸说上推寻意
> 脉,各见得落著,然后断其是非。是底都抄出,一两
> 字好亦抄出。虽未如今《集注》简尽,然大纲已定。
> 今《集注》只是就那上删来……有时是这处理会,
> 有时是那处理会得,少间都理会。只是自家见识
> 到。(卷一二〇)

精思后有疑问,再思后有所得,则疑消惑解。"自得"是
读书的目标所在。自得概念最早是由孟子提出的:"君
子深造之以道,欲其自得之也。自得之,则居之安;居之
安,则资之深,则左右逢其源,故君子欲其自得之也。"

(《孟子·离娄下》)朱熹强调做学问要有"自家见识",正是他多年研读《孟子》所得。

朱熹的"自得处",就是与以往学说不同的新思想,所以讲"说与人也不得"。也就是说,一种新思想、新观念的产生,起初不一定为周围的人们所理解。"自得"的形成同时又是一个过程。朱熹以自己编撰《四书章句集注》的亲身实践说法(见上文所引),最后总结说,"有时候是这处理会,有时候是那处理会",待全都理会时,就是"自家见识到"的时候了。黄宗羲在《明儒学案发凡》一文中肯定了朱熹的自得原则:

> 胡季随从学晦翁,晦翁使读《孟子》。他日问季随:"至于心,独无所同,然乎?"季随以所见解,晦翁以为非,且谓其读书卤莽不思。季随思之既苦,因以致疾,晦翁始言之。古人之于学者,其不轻授如此,盖欲其自得也。

从整体上看,黄宗羲对朱熹基本上是持否定态度的。惟独对其读书惟求"自得"的原则作了大力的肯定。黄宗羲的意图,是希望人们大力发扬勤于思考以期自得的精神。因为这也是他写《明儒学案》的指导思想之一。

朱熹读书方法不止这一些,还有所谓的"虚心专一"、"循序渐进"、"不可先有主见"等等。只是依我的认识,当以"熟读"、"精思"、"怀疑"、"自得"这八字为内中的菁华所在。"问渠那得清如许,为有源头活水来。"(《观书有感》)这是朱熹留下的至理名言,它把深奥的哲理,水乳交融般地渗入到具体景物的状写中。如果仔细阅读《朱子语类》,不难发现这首诗其实就是朱熹读书哲理的形象化表达。朱熹说:"学者不可只管守从前所见,须除了,方有新见。如去了浊水,然后清者出焉。"(卷一一)一个人的学识,为什么能有"去浊出清"的"新见"呢?是因为有"精思"、"怀疑"、"自得"等"源头活水",不断地冲刷着池塘里的"浊水"。朱熹这句脍炙人口的诗句,实是他一生几十年治学经验的浓缩,也是他教育门人读书方法的小结。